CONDICIÓN HUMANA Y DERECHOS HUMANOS

Algunas claves filosóficas para un modelo contemporáneo de derechos

Mª DEL CARMEN BARRANCO AVILÉS

CONDICIÓN HUMANA Y DERECHOS HUMANOS

Algunas claves filosóficas para un modelo contemporáneo de derechos

INSTITUTO DE DERECHOS HUMANOS
BARTOLOMÉ DE LAS CASAS
UNIVERSIDAD CARLOS III DE MADRID

Dykinson, S.L.

Los trabajos publicados en esta colección han sido sometidos a un proceso de evaluación anónima, de acuerdo con los criterios empleados en la comunidad científica.

Los originales, en los que no deberá figurar la identidad del autor, deben ser enviados a la siguiente dirección electrónica: miguelangel.ramiro@uah.es. Deberá adjuntarse un curriculum vitae del autor. Todos los documentos deberán enviarse en formato Word

Editorial DYKINSON, S.L. Meléndez Valdés, 61 - 28015 Madrid
Teléfono (+34) 91 544 28 46 - (+34) 91 544 28 69
e-mail: info@dykinson.com
http://www.dykinson.es
http://www.dykinson.com

ISBN: 978-84-9148-017-4
Depósito Legal: M-41183-2016

Preimpresión por:
Besing Servicios Gráficos S.L.
e-mail: besingsg@gmail.com

A mi padre y a mi madre

ÍNDICE

PRESENTACIÓN[1]

Después de más de dos siglos, no hemos sido capaces de restablecer la coherencia entre los principios que en Occidente hemos adoptado como criterio para organizar nuestras sociedades y el modo en el que de hecho las organizamos. En lugar de quedar atrás, hoy el problema persiste y asume nuevas formas; por ejemplo, en el contexto actual, la incoherencia que nos ocupa se pone dolorosamente de manifiesto cuando contrastamos la tozuda realidad de los naufragios en los que millares de personas perecen en Mediterráneo, con la firme creencia de los europeos de que vivimos en un espacio en el que los derechos están protegidos[2]. Este texto continúa una línea de investigación sobre igualdad iniciada hace algún tiempo y que precisamente parte de la preocupación por la falta de correspondencia entre los presupuestos igualitaristas de los derechos humanos y el resultado excluyente de su articulación jurídica. A este respecto, las conclusiones de aquella etapa de la investigación se contienen en el trabajo publicado como *Diversidad de situaciones y universalidad de los derechos*[3], que alude a las fronteras, la escasez y la edad como ejemplos de situaciones en las que la universalidad se pone a prueba.

En una segunda fase de desarrollo, la investigación me condujo hacia la reflexión en torno al tópico derechos humanos y vulnerabilidad humana; tópico del que han resultado diversas publicaciones, como la obra colectiva coordinada con Cristina Churruca *Vulnerabilidad y protección de los derechos humanos* o el artículo "Vulnerabilidad, derechos humanos y empresas", *Cuader-*

---

[1] Este trabajo se ha llevado a cabo en el marco del proyecto financiado por la Comunidad de Madrid H2015-HUM/3330, Madrid sin Barreras. Discapacidad e Inclusión Social.

[2] Lucas Martín, J. de, *Mediterráneo el naufragio de Europa,* Tirant lo Blanch, Valencia, 2015.

[3] Barranco Avilés, M.C., *Diversidad de situaciones y universalidad de los derechos*, Dykinson, Madrid, 2010.

nos Electrónicos de Filosofía del Derecho. Es en el último marco mencionado en el que cobra forma la idea de que junto con el modelo teórico tradicional es posible identificar un modelo contemporáneo que permitiría orientar los sistemas actuales de protección de los derechos humanos en un sentido más incluyente.

En el período que conduce al presente texto, el objetivo ha sido indagar sobre en qué medida uno y otro modelo se corresponden con distintos puntos de partida a propósito de los rasgos que caracterizan la condición humana y en él se aventura una propuesta sobre la forma en que estos distintos puntos de partida se encuentran presentes en nuestra tradición de pensamiento.

En este largo proceso, y durante el tiempo en el que he trabajado en la Universidad Carlos III de Madrid, me he beneficiado del esfuerzo compartido con los miembros del Grupo de Investigación Derechos Humanos, Estado de Derecho y Democracia, liderado por el profesor Rafael de Asís, y del espacio que brinda el Instituto de Derechos Humanos "Bartolomé de las Casas", del que hasta muy poco ha sido Director Javier Ansuátegui. A ambos quiero agradecer muy sinceramente la confianza que cada día depositan en mí.

Asimismo, quisiera expresar mi agradecimiento a Jorge, sin cuyo apoyo nada sería posible, a mi hijo, a mi hija y, muy especialmente, a mi padre y a mi madre, a quienes dedico este libro que me ha mantenido alejada de ellos más de lo deseable en los últimos meses.

1.
INTRODUCCIÓN

Desde los orígenes en el pensamiento del iusnaturalismo racionalista, la idea de derechos humanos se encuentra sometida a la tensión entre su proclamada universalidad teórica y su atribución a tan sólo algunos seres humanos. Este contraste se produce en el momento en el que se trata de dotar a los derechos humanos de garantías jurídicas, se acrecienta cuando el punto de comparación es la posibilidad real de ejercer los derechos y resulta respaldado por la concepción filosófica en la que se inspiran.

En el contexto actual, desde planteamientos resistentes a renunciar al carácter emancipador que a pesar de todo presenta la idea de derechos, se están revisando algunos de los presupuestos que subyacen a la teoría y que han permitido construirlos como salvaguardas de tan sólo algunas minorías poderosas frente a las mayorías. Este efecto perverso de la implementación de los sistemas de derechos se ha puesto históricamente de manifiesto y se revela de forma drástica en la respuesta a la crisis económica en el marco de la Unión Europea[4], por lo que el objetivo de las propuestas revisionistas es reforzarlos también como elementos de defensa de las mayorías numéricas y las minorías oprimidas. Entre todos los elementos de las teorías de los derechos que han resultado obstáculos para la universalidad de la titularidad, prestaré especial atención al modo en el que se representan la condición humana. Y es que forzosamente han de responder a fundamentos distintos el discurso de los derechos que justifica la intervención de la Fuerza de Seguridad Europea en el Mediterráneo para impedir el "contrabando" de personas[5],

---

[4] Rey, J. L., *La democracia amenazada,* Universidad de Alcalá de Henares, 2012.

[5] Factsheet on European Union Naval Force-Mediterranean Operation Sophia, actualizada al 24 de octubre de 2016, disponible en *http://eeas.europa.eu/csdp/missions-and-*

y el que sirve para reivindicar que este "contrabando" puede ser migración irregular[6].

Efectivamente, a pesar del consenso internacional sobre la necesidad de preservar la común dignidad humana mediante sistemas de protección de los derechos a los que se somete el poder[7], estos sistemas se han construido de modo excluyente y han sido insuficientes para proteger a una gran parte de la humanidad. Si consideramos que los derechos son instrumentos para la salvaguarda de la dignidad, el descarte se produce porque, por un lado, la dignidad se vincula con ciertas características (autonomía y racionalidad) que sólo algunos seres humanos cumplen, con lo que sólo ellos se consideran titulares; y, por otro lado, porque únicamente se tienen en cuenta como vulneraciones de derechos ciertas situaciones en las que quienes reúnen los rasgos de los titulares abstractos pueden ser instrumentalizados. Se trata de situaciones que tienen que ver con la garantía de la libertad como no interferencia y que se identifican desconsiderando que los seres humanos tenemos cuerpo. Adicionalmente, la separación entre lo público y lo privado se construye de forma que permite mantener la idea de que la igualdad es una cuestión del espacio público, mientras en los espacios privados (o, más bien, íntimos) se justifican relaciones de dominación.

La concepción de la autonomía y de la racionalidad que subyace a la teoría de los derechos, y al esquema de delimitación de esferas que acompaña a su propuesta de organización política, han permitido justificar estas exclusiones. De este modo, no se considera contradictoria la defensa de la igualdad con la exclusión de la mayor parte de la humanidad de la posibilidad de ejercer los derechos humanos, puesto que los derechos, concebidos como derechos morales, se atribuyen únicamente a los agentes morales y tan solo se consideran tales aquellos seres humanos que son libres de elegir y capaces de responsabilizarse de la opción efectuada. Con independencia de la reflexión sobre la comprensión de la condición humana que subyace a esta concepción, y de la discusión sobre en qué medida es posible o no considerar que los seres humanos somos libres y capaces en este sentido, lo cierto, además, es que sólo se considera que unos pocos –los hombres, pero no todos, y no a lo largo de toda

---

operations/eunavfor-med/pdf/factsheet_eunavfor_med_en.pdf, último acceso 1 de noviembre de 2016.

6 UN Human Rights Office of the Hight Commissioner, *Human Rights and Human Trafficking,* New York and Ginebra, 2014, p. 52, disponible en *http://www.ohchr.org/Documents/Publications/FS36_en.pdf*, último acceso 30 de agosto de 2015. Mestre y Mestre, R., "Hilando fino: migraciones autónomas de mujeres para trabajar en la industria del sexo", en Hernández Pedreño, M. y Pedreño Cánovas, A., *La condición inmigrante: exploraciones e investigaciones desde la Región de Murcia,* Universidad de Murcia, 2005, pp. 313-326, pp. 321-323.

7 Bobbio, N., "El tiempo de los derechos", en *El tiempo de los derechos,* trad. R. de Asís Roig, Sistema, Madrid, 1991, pp. 97-112.

su vida– cumplen con estos requisitos en el momento histórico en el que esta ideología se gesta.

Por otro lado, la representación de la condición humana implícita lleva a una imagen del titular como un individuo aislado. En buena medida, los derechos se construyen para salvaguardar un espacio en el que la voluntad del individuo es soberana y está protegida frente a interferencias externas, y esta es la idea de libertad que se considera protegida por los derechos. El modelo desconsidera las relaciones que se producen entre los seres humanos, que nos hacen dependientes, y que condicionan el modo en el que nos realizamos.

Finalmente, además de la equiparación entre autonomía y libertad de elección, la concepción del ser humano que subyace parte de la abstracción. La representación de la condición humana que constituye el punto de partida para las teorías de los derechos en este modelo, arranca de la descontextualización del titular y, por tanto, de la pretendida descontextualización de la reflexión a propósito de los derechos. La abstracción es una parte del precio de la universalidad, pero el resultado es, una vez más, que los derechos no se atribuyen a los hombres y mujeres de carne y hueso, sino a una representación de lo que se supone que los seres humanos son si se separan de las contingencias que los rodean. En las propuestas concretas sobre cuáles son los derechos y quiénes son sus titulares, el presupuesto conduce a sistemas en los que los derechos son de la persona, entendido este concepto como una categoría jurídica, y no de los seres humanos, con lo que resultan absolutamente inútiles en relación con la vulnerabilidad y con el sufrimiento, pero se han revelado perfectamente adecuados en relación con las personas que no son seres humanos, las personas jurídicas. Por ejemplo, S. Fredman recuerda cómo los acuerdos sobre propiedad intelectual, que protegen derechos de personas jurídicas, limitan la capacidad de los Estados a la hora de definir políticas para la protección de derechos de los seres humanos tan básicos como el derecho a la vida o a la salud, y cita, entre otros, el conflicto que tuvo lugar en 2001 entre el gobierno de sudafricano y treinta y nueve de las principales compañías farmacéuticas que habían decidido emprender acciones contra él por su política de genéricos en relación con el VIH[8].

Estos presupuestos filosóficos conducen a que la igualdad únicamente se predique entre los iguales, quienes en mayor medida se aproximan en el imaginario colectivo a los rasgos que definen la condición humana; igual es quien tiene libertad de elección y es independiente y los derechos salvaguardan la libertad y la independencia de quienes ya la tienen. Los derechos se atribuyen pues, a los hombres, blancos, propietarios, heterosexuales, socio-físicamente

[8] Fredman, S., *Human Rights Transformed. Positive Rights and Positive Duties,* Oxford University Press, 2008, p. 49.

independientes, que son los iguales. Conviene no olvidar, además, que el que los derechos se construyan desde la abstracción, implica también que las condiciones materiales de existencia se consideran irrelevantes más allá de como criterio de exclusión.

El esquema es posible gracias al modo en el que opera la separación entre espacios públicos y privados. El espacio público es el de los iguales, mientras que en los espacios privados o íntimos habitan el resto de los seres humanos que no son racionales o independientes. Los derechos y la igualdad se consideran vinculantes en los espacios públicos en su doble papel de hacer posible estos espacios públicos, por un lado, y, por otro, de garantizar la propia separación de espacios. Es interesante, al respecto, el modo en el que en este esquema se introduce la idea de sociedad, como un espacio no político, pero tampoco 'privado', que de algún modo se hace coincidir con el mercado.

Los derechos, pues, se han construido de modo excluyente tanto por lo que respecta a la titularidad, cuanto por lo que respecta a su contenido y al ámbito en el que se protegen. Los procesos históricos de generalización y especificación son consecuencia de la influencia de planteamientos que se alejan de algún modo de aquella concepción dominante. Así, el proceso de generalización amplía el reconocimiento de dignidad a sujetos que habían sido excluidos en atención a la situación en la que se encuentran[9]. No obstante, esta operación no es el resultado de una revisión de la idea de dignidad, sino que con los mismos criterios se consideran incluidas más personas que han pasado a reputarse como autónomas o racionales; asimismo, se reconocen derechos que atienden a circunstancias en las que la autonomía y la racionalidad pueden verse circunstancialmente obstaculizadas. La consecuencia es que aparecerán en los textos de Derecho positivo derechos económicos, sociales y culturales; no obstante, es importante subrayar que se maneja la idea de que se trata de circunstancias coyunturales, por tanto, no naturales. Además, es usual que las garantías jurídicas de estos derechos sean menos potentes que las que aseguran los derechos civiles y políticos, lo que a veces se justifica en que son derechos menos importantes[10].

---

[9] Ver Asís Roig, R. de, "Las situaciones de dependencia desde un enfoque de derechos humanos", en Ramiro Avilés, M.A. y Cuenca Gómez, P., *Los derechos humanos: la utopía de los excluidos*, Dykinson, Madrid, 2010, pp. 163-180.

[10] Ver sobre la discusión Barranco Avilés, M.C., "Una defensa de la constitucionalización de los derechos sociales", *Derechos y libertades*, nº 35, 2016, pp. 111-135. Ver también Ansuátegui Roig, F.J., "Argumentos para una teoría de los derechos sociales", *Revista de Derecho del Estado*, Universidad Externado de Colombia, nº 24, julio 2010, pp. 45-64, y, del mismo autor, "Los derechos sociales en tiempos de crisis. Algunas cuestiones sobre su fundamentación", en Bernuz, M.J. y Calvo, M., (Eds.), *La eficacia de los derechos sociales,* Tirant lo Blanch, Valencia, 2015, pp. 23-42.

El proceso de especificación surge de la atención a las circunstancias específicas e irremediables en las que se encuentran algunos sujetos y que los identifica como grupo[11]. Si bien es cierto que como consecuencia del proceso de especificación la titularidad se diversifica, han existido dos vías para la fundamentación de derechos específicos. Por un lado, la que parte de una valoración negativa de la característica que define el grupo, y propone intervenir para 'eliminarla' o 'curarla'; esta perspectiva justifica el establecimiento de una separación entre lo normal y lo especial que resulta estigmatizante. La otra dirección en la que se desenvuelve el proceso de especificación parte de una valoración positiva de la circunstancia que define al grupo y en relación con la cuál el objetivo de los derechos es la preservación.

Ni la generalización ni la especificación fueron capaces en el siglo XX de integrar en los derechos la perspectiva de la diversidad, puesto que el objetivo de la generalización sin especificación fue la normalización (integración), y el resultado de la especificación sin generalización fue la segregación.

Frente a ello, entiendo que en nuestro siglo se ha producido un cambio en el modo en el que se conducen estos procesos, del que son expresión tanto la Convención Internacional sobre los Derechos del Niño, como, sobre todo, la Convención Internacional sobre los Derechos de las Personas con Discapacidad[12]. La mutación se manifiesta muy especialmente en la reconsideración de la imagen del titular al que se atribuyen los derechos y, de modo concreto, en el papel atribuido a la autonomía y a la razón en su conceptualización[13], pero también en la redefinición del significado de lo público y de lo privado y en el replanteamiento del papel de los derechos en estos espacios.

El presente trabajo pretende ser una aportación en la línea de encontrar el fundamento filosófico del modelo. En tal empeño, es posible encontrar una pista en la recuperación de la teoría crítica que, en palabras de Seyla Benhabid, "puede ofrecer una alternativa al impass en la filosofía contemporánea

---

[11] Asís Roig, R. de, "Las situaciones de dependencia desde un enfoque de derechos humanos", cit., pp. 169-171.

[12] Barranco Avilés, M.C., "Las teorías de los derechos humanos en el siglo XXI", en Revenga Sánchez, M. Y Cuenca Gómez, P., *El tiempo de los derechos. Los derechos humanos en el siglo XXI*, Dykinson, Madrid, 2015, pp. 13-33, p.17

[13] Grear, A. "'Framing the Project' of international human rights law", in Gearty, C. and Douzinas, C. (ed.), *Human Rights Law*, Cambridge University Press, 2013, pp. 17-35, se pregunta en relación con los derechos "para qué sirven si fallan precisamente en el punto en el que se reclaman en nombre de la jurídicamente desnuda, encarnada, vulnerable humanidad tan conmovedoramente expuesta" (p. 33). Precisamente a partir de la recuperación de la dimensión corporal como condición humana, se plantean propuestas frente a una organización opresiva que tratan de ser liberadoras también de los animales, por ejemplo, Nibert, D., *Animal Rights/ Human Rights. Entanglements of Oppression and Liberation,* Rowman and Littlefield, Lanham, 2002.

entre neo-kantismo y contextualismo" y ello en la medida en que comparte con las propuestas kantianas "el compromiso con la dignidad y la autonomía del sujeto racional", en tanto acepta de los críticos "que este sujeto se desarrolla en el tiempo y está histórica y socialmente situado"[14].

La tesis que se defiende es que el nuevo paradigma se articula a partir de una diferente representación de la condición humana, que no coincide con la que toma como punto de partida la concepción tradicional de los derechos, pero que mantiene algunos de los presupuestos de la Modernidad. En la búsqueda de un fundamento para este nuevo modelo de derechos humanos, un hito de gran interés lo constituye el trabajo de Hannah Arendt, en la medida en que a partir de las reflexiones de la autora es posible articular respuestas frente a una buena parte de los retos que se plantean.

Antes de presentar los distintos esquemas de comprensión de la condición humana, se dedicará un apartado a mostrar los rasgos que caracterizan el modelo contemporáneo de derechos humanos, frente a un modelo moderno tradicional, con el objetivo de ofrecer un panorama sobre cuáles son los mencionados retos.

---

[14] Benhabid, S., *Critique, Norm, and Utopia. A Study of the Foundations of Critical Theory*, Columbia University Press, New York, 1986, p. 15.

2.
UN MODELO MODERNO TRADICIONAL Y UN MODELO CONTEMPORÁNEO DE DERECHOS

Si se pone el punto de mira en los desafíos que la diversidad plantea a los derechos, existen al menos dos modelos de derechos desde los que dar cuenta de los actuales sistemas de protección[15] y que Upendra Baxi denomina moderno y contemporáneo[16]. Desde la idea de que el modelo contemporáneo asume una buena parte de los presupuestos de la modernidad, en las presentes páginas se ha optado por utilizar preferentemente la denominación 'modelo moderno tradicional' por referencia al que Baxi considera 'modelo moderno'. De entre todos los rasgos que permiten diferenciar uno y otro esquema, el autor subraya cómo la concepción del ser humano que predomina en el modelo moderno es ajena a la idea de sufrimiento que, por el contrario, ocupa un lugar central en la concepción contemporánea. En este sentido, afirma

> "La distinción entre formas de derechos humanos 'modernas' y 'contemporáneas' se focaliza en *tomar en serio el sufrimiento*. En el paradigma 'moderno' de derechos humanos se considera posible tomar los derechos en serio sin tomar en serio el sufrimiento humano. Fuera del ámbito del Derecho de guerra entre y dentro de las naciones civilizadas, los derechos humanos 'modernos' contemplan imposiciones a gran escala de sufrimiento humano como justas y correctas en la persecución de una noción eurocéntrica de *'progreso' humano.* Este discurso silenció el sufrimiento humano. En contraste, el paradigma 'contemporáneo'

---

15 Barranco Avilés, M.C., "Vulnerabilidad, derechos humanos y empresas", *Cuadernos Electrónicos de Filosofía del Derecho*, nº 34, 2016 (en prensa), pp. 12-18.

16 Baxi, U., *The Future of Human Rights*, Oxford University Press, New Delhy, 2002, pp. 24-41.

de los derechos humanos está inspirado por una política de deseo activista de hacer problemática la misma *noción de política de crueldad*"[17].

En opinión de Baxi, es posible además mencionar cinco aspectos en los que esta diferencia se pone de manifiesto. Así, se fija el autor, en primer lugar, en que cuando el dolor y el sufrimiento obedecen a situaciones extraordinarias, en el Derecho internacional la competencia ha sido reservada al Derecho Internacional Humanitario. De este modo, si bien es cierto que existe la obligación internacional de minimizar el sufrimiento humano, esta sólo se aplica en tiempo de guerra y no resulta vinculante en tiempo de paz "incluso cuando 'paz' aparece para millones de personas como formas de beligerancia por otros medios"[18]. En relación con este aspecto se pone claramente de manifiesto que los rasgos que definen la condición humana en la concepción moderna son la autonomía y la racionalidad y que la perspectiva para esta caracterización es la abstracción, pero el sujeto abstracto, conforme se muestra en el modelo contemporáneo, no es ningún sujeto[19] y al tratar de construir un sistema de protección de los derechos desde la abstracción los derechos han quedado inhabilitados para enfrentar una buena parte de las situaciones más sangrantes de instrumentalización de los seres humanos.

En segundo lugar, muestra cómo en el marco del Derecho penal internacional están surgiendo rigurosos estándares relacionados con el sufrimiento humano. Sin embargo, estos estándares, que, como el Derecho internacional humanitario, guardan relación con situaciones extraordinarias, no se hacen extensivos a las denegaciones 'sistemáticas, sostenidas y continuadas' que se producen en tiempo de paz y que surgen relacionadas con derechos a la satisfacción de necesidades básicas tales como la alimentación, comida, vestido, vivienda o salud. Así pues, a pesar de que la idea de violación de derechos expresa una cierta preocupación por la violencia, desde los derechos no se justifican las mismas consecuencias para todos aquellos que producen sufrimiento, permaneciendo invisibles desde el punto de vista de los derechos una buena parte de las vulneraciones, tanto más en la medida en que estas se convierten en estructurales. La consecuencia es que ni las situaciones excepcionales de dolor y sufrimiento, ni el dolor y sufrimiento cotidianos se consideran cuestio-

---

[17] Baxi, U., *The Future of Human Rights,* cit., p. 35.

[18] Baxi, U., *The Future of Human Rights,* cit., p. vii.

[19] Arendt, H., *Los orígenes del totalitarismo*, trad. G. Solana, Alianza, Madrid, 2006, p. 413, "Desde el comienzo, la paradoja implicada en la declaración de los derechos humanos inalienables consistió en que se refería a un ser humano «abstracto» que parecía no existir en parte alguna, porque incluso los salvajes vivían dentro de algún tipo de orden social". En "The perplexities of the rights of man", in Baehr, P. (ed.) *The portable Hanna Arendt,* Penguin Books New York, 2000, pp. 31-45, p. 32. Se cita por la versión en español.

nes de derechos humanos. La denuncia de Baxi presenta un cierto paralelismo con la situación que describe Arendt como 'banalidad' del mal en su controvertido trabajo *Eichmann en Jerusalen* (1963)[20], con la diferencia de que en el contexto actual las vulneraciones de derechos humanos son ignoradas, cuando no están amparadas, por los mismos sistemas que se dicen comprometidos con los derechos. Asimismo, Arendt considera la violencia como la negación de la acción[21] y llama la atención sobre la exaltación de la violencia en la Época Moderna' como único medio para crear un nuevo cuerpo político[22].

En tercer lugar, siguiendo con Baxi, en el modelo contemporáneo se cuestionan las relaciones entre Estado nación y derechos tal y como aparecen presupuestas en el modelo moderno tradicional. Por un lado, la teoría de los derechos ha venido vinculándolos al Estado que se presenta como soberano en la medida en que represente al pueblo, puesto que la autodeterminación atribuye al pueblo una voluntad de ser Estado[23]. En esta medida también, los derechos deberían haber sido un argumento en contra del colonialismo y del imperialismo. Sin embargo, el surgimiento de las naciones[24] hará que el centro de interés se desplace del pueblo a la nación, a cuyo servicio se sitúa el Estado; la consecuencia es que la igualdad soberana –"como la insignia del derecho de todo y cada uno de los estados a la igualdad por el Derecho internacional"[25]– deja de ser un instrumento para la protección de todos los habitantes del territorio, de los pueblos, y se convierte en instrumento de protección del ciudadano como miembro de la nación[26]. La autodeterminación y la igualdad soberana han

---

20 *Eichmann en Jerusalén. Un estudio sobre la banalidad del mal,* trad. Carlos Ribalta, 4ª edición, Lumen, 2003.

21 Arendt, H., *La condición humana,* trad. R. Gil Novales, Barcelona, Paidós, 2005, pp. 226-229.

22 Arendt, H., *La condición humana,* cit., pp. 248-249 y *Sobre la revolución,* trad. P. Bravo, Alianza, Madrid, 2006.

23 Baxi, U., *The Future of Human Rights,* cit., viii.

24 Que se produce cuando los pueblos toman autoconciencia de su carácter de entidades culturales e históricas "y de su territorio como un lugar permanente donde la historia había dejado sus rastros visibles, cuyo cultivo era el producto del trabajo común de sus antepasados y cuyo futuro dependería del curso de una civilización común", Arendt, H., *Los orígenes del totalitarismo,* cit., p. 440.

25 Baxi, U., *The Future of Human Rights,* cit., p. vii.

26 Arendt, A., *Los orígenes del totalitarismo,* cit., p. 339, sobre el surgimiento de la relación entre Estado y nación señala Arendt, "la nación-estado, con su reivindicación de la representación popular y de la soberanía nacional, tal como se había desarrollado desde la Revolución francesa y a lo largo del siglo XIX, era el resultado de la combinación de dos factores que en el siglo XVIII se hallaban todavía separados y que permanecieron separados en Rusia y en Austria-Hungría: la nacionalidad y el estado" y más adelante sobre la fisonomía de esta relación: "mientras que la conciencia de la nacionalidad constituye un desarrollo relativamente reciente, la estructura del estado deriva de siglos de monarquía y de despotismo ilustrado. Tanto en la forma de una nueva república como en la de una reformada monarquía constitucional, el estado heredó como su suprema

desempeñado una relación ambivalente en relación con los derechos; así, han jugado a favor de ellos en la medida en que se han utilizado frente al imperialismo y al colonialismo, pero han constituido un obstáculo para la protección de los derechos de los no nacionales y para la protección de los seres humanos frente a vulneraciones realizadas por los Estados[27].

Una vez más en las reflexiones de Arendt en torno a los apátridas encontramos elementos de similitud con la denuncia de Baxi; en este sentido, Arendt considera que la cuestión de los apátridas y refugiados desvela que debido a que los derechos «inalienables» del hombre se convirtieron "en parte inalienable del derecho del pueblo al autogobierno", se terminaron identificando con los derechos de los pueblos y con ello que

> "los derechos del hombre, después de todo, habían sido definidos como «inalienables» porque se suponía que eran independientes de todos los gobiernos; pero resultó que, en el momento en que los seres humanos carecían de su propio gobierno y tenían que recurrir a sus mínimos derechos, no quedaba ninguna autoridad para protegerlos ni ninguna institución que deseara garantizarlos. O cuando, como en el caso de las minorías, un organismo internacional se arrogaba una autoridad no gubernamental, su fracaso era evidente aun antes de que se hubieran llevado a cabo totalmente sus medidas"[28].

---

función la protección de todos los habitantes de su territorio, fuera cual fuese su nacionalidad, y se estimaba que había de actuar como suprema institución legal. La tragedia de la nación-estado consistió en que la creciente conciencia nacional del pueblo chocó con estas funciones. En nombre de la voluntad del pueblo, el estado se vio obligado a reconocer únicamente a los «nacionales» como ciudadanos, a otorgar completos derechos civiles y políticos sólo a aquellos que pertenecían a la comunidad nacional por derecho de origen y el hecho del nacimiento. Esto significó que el estado pasó en parte de ser instrumento de la ley a ser instrumento de la nación".

[27] Baxi, U., *The Future of Human Rights,* cit., pp. vii y viii, sintetiza de este modo el proceso: "las nociones mismas de autodeterminación soberana, como la insignia del derecho de todos y cada uno de los Estados a la igualdad en el derecho internacional, dentro de una comunidad de Estados, mantiene una relación ambivalente con sufrimiento humano/social. Las nociones de autodeterminación atribuyen a los pueblos la voluntad de estatalidad; y la doctrina de la igualdad entre los estados soberanos asume que «estados» puede representar efectivamente a los pueblos. En la medida en que estas nociones significan la ilegitimidad del colonialismo y el imperialismo, continúan siendo amigables con los derechos humanos. Sin embargo, todos conocemos situaciones de Estado fallido, donde predadoras formaciones de soberanía, proliferando en *ad hoc* 'instantáneos' regímenes de legalidades dominantes basados en la fuerza y el fraude, la tiranía y el terror, privan a las personas de sus derechos. El movimiento y el discurso de los derechos humanos lidian con los caminos en los que las prácticas de la autodeterminación y la soberanía del Estado se pueden transformar en oportunidades para la realización de los derechos. En la presente opinión, este esfuerzo necesita ser redireccionado en términos de una vinculación más sostenida con el sufrimiento humano/social, especialmente en la comprensión de las formas en que los mismos lenguajes de los derechos humanos pueden llegar a ser un factor de producción de sufrimiento humano".

[28] Arendt, H., *Los orígenes del totalitarismo,* cit., p. 414.

La condición de las personas 'arrojadas' de la comunidad política es la pérdida de derechos, en la medida en que pierden el derecho a la protección de sus gobiernos, pierden 'el derecho a tener derechos':

> "la calamidad de los privados de derechos no estriba en que carezcan de la vida, de la libertad y de la búsqueda de la felicidad, o de la igualdad ante la ley y de la libertad de opinión –fórmulas que fueron concebidas para resolver problemas *dentro* de comunidades dadas–, sino en que ya no pertenecen a comunidad alguna. Su condición no es la de no ser iguales ante la ley, sino la de que no existe ley alguna para ellos. No es que estén oprimidos, sino que nadie desea siquiera oprimirles"[29].

Como cuarto sentido en el que los derechos han desconsiderado el sufrimiento, se fija Baxi en que la formulación moderna de los derechos humanos supuso la legitimación del sufrimiento del 'Otro' no Euroamericano[30]. Frente a ello, el discurso contemporáneo rechaza "todo intento de basar el poder sobre la violencia inherente institucionalizada en el imperialismo, el colonialismo, el racismo y el patriarcado" por ser constitutiva de sufrimiento humano. El autor propone vincular a este rechazo el discurso doctrinal sobre 'universalidad, interdependencia, indivisibilidad e inalienabilidad'[31]. También en relación con este aspecto resuenan las reflexiones de Hannah Arendt en torno al imperialismo y al colonialismo en *Los orígenes del totalitarismo* (1951) sobre 'el racismo como la principal arma ideológica de las políticas imperialistas'[32]. Asimismo, señala la autora,

> "los racistas tienen un peor historial de patriotismo que todos los representantes juntos de las demás ideologías internacionales y fueron los únicos que, consecuentemente, negaron el gran principio sobre el que se hallan construidas las organizaciones nacionales de los pueblos, el principio de la igualdad y solidaridad de todos los pueblos, garantizado por la idea de humanidad"[33].

Como quinto aspecto en el que se pone de manifiesto que la concepción tradicional de los derechos se desarrolla de espaldas al sufrimiento humano, Upendra Baxi llama la atención sobre el hecho de que el número de normas sobre derechos humanos se multiplica al mismo tiempo que crece el número de personas sin derechos, dado que las normas y estándares de derechos

---

29 Arendt, H., *Los orígenes del totalitarismo,* cit., p. 419.

30 Baxi, U., *The Future of Human Rights,* cit., p. viii.

31 Baxi, U., *The Future of Human Rights,* cit., p. viii.

32 Arendt, H., *Los orígenes del totalitarismo,* cit., pp. 211-430, p. 257.

33 Arendt, H., *Los orígenes del totalitarismo,* cit., p. 259.

humanos son el resultado de los compromisos entre los poderes globales y la diplomacia de las Organizaciones no Gubernamentales, en cuyo marco no existe un auténtico consenso sobre lo que los derechos significan. Al hilo de esta cuestión, denuncia el autor que la idea de derechos se presta a un uso ideológico desde el que en ocasiones el concepto se utiliza para justificar el sufrimiento. La indeterminación de la idea de derechos y su fuerza emotiva hace que "las gramáticas de la gobernanza global que de modo creciente organizan y mantienen mercados para los derechos humanos, a su vez conduzcan a la mercantilización del sufrimiento humano"[34].

Para salvar estas contradicciones, Upendra Baxi reclama el fortalecimiento de un modelo contemporáneo de derechos, frente al modelo moderno. Como se pone de manifiesto en los argumentos reproducidos, uno de los aspectos clave del nuevo modelo tiene que ver con las opciones sobre qué debe contar como humano, y ello no obedece a una cuestión fáctica, sino, en opinión del autor, normativa. De este modo, la concepción moderna sitúa las claves de la condición humana en la razón y en la autonomía, de tal modo que "'esclavos', 'paganos', 'bárbaros', pueblos colonizados, pueblos indígenas, mujeres, niños y niñas, pobres y 'dementes'" se consideran indignos de ser titulares de derechos [35].

Frente a esta caracterización, tomar el sufrimiento humano en serio implica considerar la vulnerabilidad entre los rasgos de la condición humana que resultan relevantes para el reconocimiento de derechos, y ello tanto si la entendemos como una característica compartida con todos los seres humanos, cuanto cuando la referencia no es esa vulnerabilidad inevitable sino la que es el resultado del modo en la que la sociedad está construida. Si extrapolamos para explicar el concepto de vulnerabilidad el modo en el que la Convención Internacional sobre los Derechos de las Personas con Discapacidad concibe la discapacidad, podemos también entender esta segunda manifestación de la vulnerabilidad como el resultado de la interacción entre las características de ciertos seres humanos y el modo en el que la sociedad se ha organizado[36].

Para explicar esta comprensión de la vulnerabilidad resultan de sumo interés las categorías de opresión y dominación desarrolladas por Iris Marion Young[37].

---

[34] Baxi, U., *The Future of Human Rights,* cit., p. ix.

[35] Baxi, U., *The Future of Human Rights*, Oxford University Press, New Delhy, 2002, p. 29.

[36] Barranco Avilés, M.C, "Derechos humanos y vulnerabilidad. Los ejemplos del sexismo y el edadismo", en Barranco Avilés, M.C., y Churruca Muguruza, C. (ed.), *Vulnerabilidad y protección de los derechos humanos,* Tirant lo Blanch, Valencia, 2014, pp. 17-44.

[37] Young, I.M., *Justice and the Politics of Difference,* 2ª ed., Princeton University Press, New Jersey, 2011, pp. 32 y ss. Hay traducción de la edición de 1990 por S. Álvarez, Cátedra, Madrid, 2000.

Como se señalaba, los seres humanos compartimos como condición común la vulnerabilidad, sin embargo, en relación con algunos sujetos esa vulnerabilidad es el resultado de condiciones de opresión y dominación. La dominación implica que la persona dominada queda privada de la capacidad de autogobierno. La concepción de la libertad que prevalece en la concepción liberal de los derechos es la libertad como no interferencia, y la privación de la capacidad de autogobierno puede teóricamente ser compatible con este tipo de libertad. Por otro lado, y aunque las teorías democráticas evolucionan, durante mucho tiempo se ha considerado que la mencionada capacidad de autogobierno debe respetarse a quienes ya la tienen, y no a quienes no son considerados autónomos. Una y otra restricción implican que quienes en el imaginario social se consideran dependientes quedan sometidos a las decisiones de los autónomos tanto en el ámbito público como en el privado. En el ámbito público, además, opera la nacionalidad como criterio para la atribución de la autonomía. Frente a la libertad como no interferencia, el ideal republicano de la libertad permite encontrar argumentos frente a la dominación en cualquier espacio.

Por su parte, Young concibe la opresión como un obstáculo al autodesarrollo que se manifiesta con 'cinco caras': explotación, marginación, privación de poder, imperialismo cultural y violencia[38] que tiene un carácter estructural. En estas condiciones, la vulnerabilidad arranca de la construcción de estereotipos que condicionan las relaciones sociales y generan opresión, lo que a su vez implica que existen grupos de personas (los llamados vulnerables) que se encuentran en una posición de desventaja en relación con otros miembros de la sociedad, y que esta desventaja se justifica y perpetúa por la incidencia de una ideología que la justifica en diferencias biológicas, naturales o inevitables con respecto a lo establecido como 'normal' que se valoran negativamente. La desventaja no es natural ni inevitable, sino construida socialmente desde el 'poder de la normalidad'[39] y siempre es posible identificar algún beneficiario de este estado de cosas[40].

El modelo contemporáneo constituye un impulso para que los sistemas de derechos se construyan teniendo en cuenta a los seres humanos de carne y hue-

---

38 Young, I.M., *Justice and the Politics of Difference,* cit., pp. 39 y ss.

39 Davis, J. L., "Introduction: normality, power and culture", in *The Disability Studies Reader,* Routledge, New York and London, 4th Ed., 2013, pp. 1-16; Palacios, A., *El modelo social El modelo social de discapacidad: orígenes, caracterización y plasmación en la Convención Internacional sobre los Derechos de las Personas con Discapacidad,* Cinca, Madrid, 2008, pp. 143 y ss.; y Cuenca Gómez, P., "Discapacidad, Normalidad y Derechos Humanos", en Barranco Avilés, M.C., y Churruca, C. (eds.), *Vulnerabilidad y protección de los derechos humanos,* Tirant lo Blanch, Valencia, 2014, pp. 71-99. Ver también Foucault, M., *Los anormales*, trad. H. Pons, Fondo de cultura Económica, México, 2000.

40 Abberley, P., "The Concept of Oppression and the Development of a Social Theory of Disability", *Disability, Handicap and Society,* vol. 2, nº1, 1987, pp. 5-19, p. 7.

so y no entes abstractos, de tal modo que, partiendo de la vulnerabilidad como dato, consideran que los derechos han de redefinirse en términos que permitan enfrentar la vulnerabilidad que es el resultado de la estructura social.

Al desechar la condición de quien sufre como condición humana, la concepción moderna de los derechos presenta una concepción normativa de humanidad coherente con las ideologías en las que se sustenta, desde la que suplanta a la realidad de la existencia humana. Por ejemplo, y de modo muy significativo, la ideología del modelo moderno tradicional ha llevado a presentar la agencia moral, esto es, la autonomía y la independencia, como un rasgo característico de la condición humana del que hacen depender la posibilidad de los seres humanos de decidir sobre sí mismos, de participar en los procesos de adopción de decisiones colectivas, y, en definitiva, la titularidad de los derechos humanos. Sin embargo, como hace notar Young, el pensamiento feminista ha puesto de manifiesto como esta asignación constituye una opción a favor de una determinada experiencia masculina, frente a otras experiencias y frente a la experiencia de las mujeres, y con ello han puesto de manifiesto que la dependencia no tiene por qué ser opresiva[41]. Pero, además, si finalmente se considera que la agencia moral es un rasgo de la condición humana, esta idea solo puede presentase en su sentido normativo y, por tanto, pasa a ser un ideal a realizar con respecto a cualquier ser humano.

Así pues, en este esquema, la autonomía, que en el modelo moderno tradicional es el presupuesto para la atribución de derechos, pasa a ser un objetivo a realizar, al tiempo que las relaciones de dependencia adquieren relevancia en el discurso de los derechos, y ello desde dos puntos de vista.

En primer lugar, porque también la dependencia es un aspecto de la condición humana de modo que las relaciones con otros sujetos condicionan el modo en el que la dignidad se realiza; en este sentido, muestra Sandra Fredman cómo en este modelo –incluso en una versión elaborada como la teoría de las capacidades de Amartya Sen– se tiende a considerar que el valor que está detrás de los derechos es la libertad de elección. Fredman critica el papel otorgado a la elección en el modelo moderno, a través del rechazo al marco normativo de Sen, porque "sitúa como su valor más alto la capacidad del individuo de hacer o ser lo que tiene razones para valorar"[42] y en esta medida, relaciona los deberes positivos con la capacidad de elegir. Al respecto, la autora señala que esta valoración corre el riesgo "de centrar demasiado la atención en lo que los individuos pueden alcanzar, dando la impresión de que la única función de los deberes positivos es facilitar la capacidad de las personas de

41 Young, I.M., *Justice and the Politics of Difference,* cit., p. 53.

42 Fredman, S., *Human Rights Transformed…*, cit., p. 12.

darse cuenta de sus propios objetivos"[43]. Sin embargo, "los derechos humanos no sólo valoran las elecciones. También valoran las relaciones en sí mismas" y "esto da lugar a un deber de asegurar la dignidad y el respeto, y a promover y facilitar la responsabilidad y el cuidado". En este marco, en opinión de la autora "el cuidado debe ser valorado, no porque es elegido como parte de un objetivo personal de autorealización, sino porque es en sí mismo una actividad social necesaria e importante"[44]. De este modo, el titular de derechos deja de ser representado como un ser humano aislado. A propósito de las relaciones entre la libertad de elección y cuidado, el ejemplo que pone Fredman es el de las responsabilidades familiares y el cuidado de los hijos, y el modo en el que desde la teoría de las capacidades se sitúa el foco en garantizar la posibilidad de elegir para la persona cuidadora (por ejemplo, facilitando prestaciones para el cuidado de los hijos que permitan que las madres desarrollen un trabajo remunerado). Con lo anterior, el cuidado no se valora en sí mismo, lo valioso es que las personas puedan elegir cuidar o no cuidar, esto es, es apreciado como parte de la capacidad de elección, pero esto, según Fredman implica no entender la naturaleza de la responsabilidad y del cuidado, que han de ser considerados como valiosos en sí mismos.

Por otro lado, además, las relaciones de dependencia son relevantes desde el punto de vista de los derechos, porque a veces se convierten en situaciones de dominación arbitraria en las que se pone en peligro la dignidad de los sujetos 'dependientes'. Esta reflexión justifica, igualmente, la revisión del modo en el que se construye la separación entre lo público y lo privado, de modo que, frente a un esquema moderno en el que los derechos se sitúan al servicio del sujeto pretendidamente autónomo con respecto al cual otros, que se consideran dependientes, quedaban invisibilizados, en el modelo contemporáneo este sujeto aparece como un poder frente al cual han de operar los derechos.

Adicionalmente, la nueva visión del titular deja de lado la consideración de la razón como el rasgo que determina la atribución de dignidad y de derechos. La corporeización del titular permite considerar las necesidades humanas como parte de la condición humana. Una de las consecuencias de esta mutación para los sistemas de protección es que el catálogo de los que se consideran derechos humanos se modifica, como también se modifica la relación

---

[43] Fredman, S., *Human Rights Transformed...*, cit., p. 12.

[44] Fredman, S., *Human Rights Transformed. Positive Rights and Positive Duties,* cit., p.16. y continúa "cabe una puntualización similar con respecto a las situaciones en las que una persona no es física, psicológica o mentalmente capaz de actuar sobre la base de sus opciones. Los deberes de derechos humanos no se requieren para mejorar sus logros, sino para asegurar que es tratada con dignidad y respeto". En mi opinión, en ningún caso los derechos justifican deberes orientados únicamente a 'mejorar sus logros', pero también en el caso de las personas con discapacidad justifican este tipo de deberes.

entre los distintos tipos de derechos, hasta ahora, con distinto grado de fundamentalidad.

El modelo moderno tradicional de derechos se fundamenta en la tradición ilustrada de la ética y la política, que Benhabid sitúa en la línea que arranca de Kant y es continuada por Rawls y Habermas[45]. Para numerosos pensadores el 'proyecto de la modernidad' ha fracasado en la medida en que ha conducido a

> "una forma de vida que aún produce guerras, armamentismo, destrucción del medio ambiente y explotación económica a costa de no satisfacer las necesidades humanas básicas con dignidad; una forma de vida que aún relega a muchas mujeres, pueblos no cristianos y no blancos a un estatus moral y político de segunda clase; una forma de vida que debilita las bases de la coexistencia solidaria en nombre de la ganancia y la competencia"[46]

Ante el panorama descrito, la autora desarrolla las críticas del comunitarismo, el feminismo y el posmodernismo, que se refieren a la idoneidad de una 'razón legislativa' para "articular las condiciones necesarias para un «punto de vista moral», una «posición original» o una «situación de habla ideal»; cuestionan "el ideal abstracto y desarraigado, distorsionado y nostálgico del ego masculino autónomo que privilegia la tradición universalista"; y muestran "la incapacidad de esa razón universalista legislativa respecto a manejarse con la indeterminación y multiplicidad de contextos y situaciones vitales con las que siempre se confronta la razón práctica"[47]. Estas críticas han llevado a rechazar la tradición de la modernidad y, con ella, los derechos, sin embargo, S. Benhabid realiza una defensa del legado universalista de la modernidad que no implica de modo necesario la abstracción ni, por tanto, "las pretensiones de una razón legislativa, ni la ficción de un ego masculino autónomo desarraigado, ni tampoco, si a ello vamos, la indiferencia y la insensibilidad hacia el razonamiento contextual"[48]. La pretensión en estas páginas es ofrecer, a partir de la propuesta de Hannah Arendt, algunos elementos que podrían servir para reconstruir la fundamentación filosófica de ese modelo en lo que se refiere a la sustitución del 'ideal abstracto, desarraigado y nostálgico del ego masculino autónomo' por, en palabras de Benhabid 'la visión de un ser humano corporeizado e incrustado cuya identidad se constituye de modo narrativo, y la reformulación del punto de vista moral como el logro contingente de una

---

45 Benhabid, S., *El Ser y el Otro en la ética contemporánea. Feminismo, comunitarismo y posmodernismo,* trad. G. Zadunaisky, Gedisa, Barcelona, 1992, p. 15.

46 Benhabid, S., *El Ser y el Otro en la ética contemporánea...*, cit., p. 14.

47 Benhabid, S., *El Ser y el Otro en la ética contemporánea...*, cit., p. 15.

48 Benhabid, S., *El Ser y el Otro en la ética contemporánea...*, cit., p. 16.

forma interactiva de la racionalidad y no como el punto de vista intemporal de una razón legislativa'[49].

Efectivamente, la representación de la condición humana que subyace al modelo moderno tradicional de derechos se basa en una concepción restrictiva desde la que se ha impuesto un punto de vista moral pretendidamente universal, pero construido desde la parcialidad, y se ha excluido a los designados como 'otro'. La crítica a este ideal no surge de la nada en el siglo XXI, por el contrario, es posible reconstruir toda una línea de desarrollo del modelo contemporáneo a partir de la lectura de diversos autores que se han fijado en los numerosos aspectos en los que la concepción moderna del ser humano resulta excluyente. De entre todos ellos, merece un lugar especial Hannah Arendt.

Se ha señalado hasta aquí que lo que está en juego es la comprensión que se maneja de la 'condición humana'. También se ha apuntado que la cuestión no es fáctica, sino normativa, de tal modo que lo que subyace es una posición sobre qué rasgos de lo humano constituyen el requisito para atribuir a un ente ese especial valor al que usualmente se alude con la idea de 'dignidad' y que justifica que se le asigne la titularidad de derechos. Al respecto, la noción de dignidad que se maneja en el modelo moderno tradicional se construye por contraposición al esquema previo, que podemos etiquetar como 'premoderno' y sobre el que merece la pena ofrecer algunas pinceladas.

En lo sucesivo, pues, trataré de presentar los elementos que caracterizan la condición humana en el esquema premoderno, en el esquema moderno tradicional, y en lo podría presentarse como un esquema contemporáneo. Se tomará como punto de partida el papel atribuido a la autonomía, el peso de los elementos corporales en la caracterización de la condición humana, el modo en el que se conciben las relaciones entre los seres humanos, y la forma en la que se traza la separación entre el espacio público y el espacio privado.

Como podrá comprobarse, el modelo moderno tradicional se construye a partir de la idea de que los seres humanos son autónomos. Puesto que los individuos son autónomos, el origen de la moral hay que buscarlo en la razón y este presupuesto implica una ruptura con la concepción clásica en la que la moralidad se basa en la autoridad. Por su parte, el modelo contemporáneo de derechos reclama una concepción diversificada de la dignidad en la que la autonomía, por un lado, no puede construirse a la manera del todo o nada y, por otro, no implica que sólo la razón pueda ser la fuente de la 'legislación'.

Asimismo, el modelo moderno tradicional es universalista, frente al esquema premoderno; el punto de vista universal es el punto de vista descontextua-

---

[49] Benhabid, S., *El Ser y el Otro en la ética contemporánea...*, cit., p. 19.

lizado del ser humano abstracto. Por su parte, en el modelo contemporáneo se reclama tener en cuenta el punto de vista de los sujetos situados.

El modelo moderno tradicional también se aleja del premoderno en la defensa del individualismo como un rasgo de la condición humana. Tal y como este rasgo es concebido, el individualismo implica caracterizar al ser humano desde la imagen del egoísta racional y el objetivo de los derechos es proteger al ser humano en sus relaciones con otros sujetos. Frente a este planteamiento, el modelo contemporáneo sólo podría articularse desde una imagen del ser humano en la que la socialidad y la solidaridad estén incluidas. Efectivamente, entre un modelo de ser humano que en la caracterización premoderna únicamente se realiza mediante su participación en la vida pública, y la representación del titular de derechos desde la independencia, la fundamentación del modelo contemporáneo de derechos parece descansar en la recuperación de la dependencia como un rasgo de la condición humana. En consecuencia, la idea de libertad, y le papel del Derecho en relación con ella, ha de ser diferente en cada uno de estos esquemas.

Al mismo tiempo, la consideración del ser humano desde sus relaciones con los otros, implica que la razón práctica no puede ser razón monológica. Así, mientras en el modelo clásico la justificación de las reglas es la autoridad, en el moderno lo es la razón individual y en el contemporáneo el diálogo.

Finalmente, también se plantea de un modo diferente la construcción de lo público y lo privado y la articulación entre ambas esferas. Así, en el modelo clásico sólo algunos sujetos están llamados a habitar el espacio público. Frente a él, el modelo moderno mantiene la idea de que el espacio público es un espacio abierto a todos los seres humanos, sin embargo, en los hechos, lo configura de modo que sólo es accesible a algunos. Finalmente, el modelo contemporáneo de derechos reclama una reestructuración de lo público y lo privado de modo que, por un lado, se dé entrada en los espacios públicos a sujetos que habían sido excluidos y, por otro, se dé entrada a los derechos en los espacios privados.

3.
APROXIMACIÓN A LA CONDICIÓN HUMANA DESDE UN ESQUEMA PREMODERNO

Por su influencia en el pensamiento posterior, puede utilizarse a Aristóteles como referencia para ilustrar el modelo premoderno. Es cierto que no se trata de un escenario homogéneo, de modo que existen diferencias entre el pensamiento aristotélico y el de otros autores en Grecia; desde luego también lo es que no fueron idénticas la concepción griega y la romana, primero, y la medieval después; sin embargo, las ideas de Aristóteles son interesantes para ilustrar el modo en el que en la etapa premoderna se caracteriza la condición humana, porque, de modo explícito, en su obra se fundamentan las diferencias de valor entre los seres humanos que, a su vez, justifican una jerarquía en la posición social y el establecimiento de relaciones de dominación entre ellos.

El modelo premoderno no es un modelo de derechos humanos, pero es interesante comprender algunos de sus rasgos dado que una parte de la crítica a la Modernidad se articula como defensa de la recuperación de algunos elementos propios de aquellas concepciones. En términos generales, esta vuelta a esquemas premodernos puede encontrarse en los autores comunitaristas[50], quienes buscan en el modelo premoderno elementos para restaurar el vínculo social y revigorizar la vida política; aspectos ambos en los que los reproches del comunitarismo hacia el modelo moderno tradicional coinciden con los de

---

[50] Por ejemplo, Mackintyre, A., *Tras la virtud,* 2ª ed. bolsillo, trad. Amelia Valcárcel, Barcelona, Crítica, 2004; Sandel, M., *El liberalismo y los límites de la justicia,* trad. M.L. Melon, Gedisa, Barcelona, 2000; Taylor, Ch., *Fuentes del yo. La construcción de la identidad moderna,* Trad. A. Lizón, Paidós, Barcelona, 2006; Walzer, M., *Las esferas de la justicia. Una defensa del pluralismo y la igualdad,* trad. H. Rubio, Fondo de Cultura Económica, México, 2001; o Finnis, J., *Ley natural y derechos naturales,* trad. C.Orrego, Abeledo Perrot, Buenos Aires, 2000.

la teoría crítica en la medida en que "el rechazo de concepciones atomistas y ahistóricas del ser y la sociedad es común a ambas, como también lo es la crítica a la pérdida de vigor público y el retroceso de la política participativa en las sociedades contemporáneas"[51].

Conforme se ha señalado, se van a utilizar para caracterizar la comprensión de la condición humana en cada uno de los tipos, el papel atribuido a la autonomía, a la racionalidad y al cuerpo, el modo en el que se conciben las relaciones entre los individuos y el resto y el esquema de relaciones entre lo público y lo privado. Puesto que algunos de estos conceptos son eminentemente modernos, es difícil encontrar su traslación a la premodernidad, de modo que se ha optado por abordarlos en dos apartados. En el primero se presentarán algunas ideas sobre el papel de la autonomía, que en este escenario es desplazada por la autoridad, y en él se incluirán las reflexiones sobre las relaciones entre el aspecto inmaterial y el material de la existencia; a continuación, se realizarán algunas consideraciones sobre la sociabilidad humana y la distribución de espacios que se realiza en coherencia con todo lo anterior.

3.1. Autoridad, virtud y fragmentación de la condición humana

Comenzando por la primera de las cuestiones que se van a establecer como punto de partida para la caracterización de los modelos, en el modelo premoderno la autonomía no es un concepto que se aplique a los individuos, sino a la organización política. En este sentido, en la Grecia clásica, señala Conill, se trata de una idea con la que se hace referencia a la independencia de la organización política[52]; por tanto, no se trata de un concepto moral, sino político.

En la concepción que predomina en Grecia, la reflexión ética se centra en la idea de que los seres humanos desempeñan una función propia desde la cuál se define la vida buena. Así, afirma Aristóteles, "el bien es aquello a que todas las cosas tienden"[53], el fin de la política es la felicidad, que consiste en vivir bien y obrar bien, lo que implica hacerlo de acuerdo con la virtud, que hace las acciones agradables. En este sentido, señala Rowe, en relación con la moralidad en la Grecia clásica,

> "el filósofo moderno puede empezar preguntándose por la relación entre consideraciones morales y no morales, por la naturaleza del razonamiento moral o sobre cuestiones morales sustantivas. Semejante

---

[51] Benhabid, S., *El Ser y el Otro en la ética contemporánea...*, cit., p. 85.

[52] Conill Sancho, J., "La invención de la Autonomía", *Eidon,* nº 39, pp. 2-12, p. 4.

[53] Aristóteles, *Ética a Nicómaco,* Edición Bilingüe, trad. Julián Marías, Centro de Estudios Políticos y Constitucionales, Madrid, 1959, p. 2.

> categoría apenas existe en el contexto griego clásico. El objeto de la investigación no es la moralidad, sino la naturaleza de la vida buena para el hombre"[54].

De modo que la cuestión central pasa a ser dilucidar cuál es el supremo bien cuya persecución hace la vida buena; en el caso de Grecia, este supremo bien venía determinado por la naturaleza, y el papel de la naturaleza fue asumido por Dios con el cristianismo[55].

La voluntad y la razón también forman parte de la concepción aristotélica de la condición humana, aun cuando su papel se enmarca en la idea de bien. Así, el objeto de la voluntad es la determinación del fin de la acción, mientras la deliberación y la elección se refieren a los medios. En este marco, la virtud dependerá de que la voluntad se oriente al bien[56]. Y, señala Pievatolo en relación a Aristóteles, "los fines son múltiples, pero jerarquizables hacia un bien supremo, deseable por sí mismo y no en razón de otros fines"[57].

En cuanto a la idea de razón, para Aristóteles una parte del alma es irracional y otra tiene razón. Es una facultad irracional del alma lo 'común y vegetativo quiero decir la causa de la nutrición y el crecimiento'; dado que se trata de una facultad que aparece en todos los seres vivos, no es una facultad humana. También es un principio irracional 'lo apetitivo y desiderativo', que, sin embargo, puede someterse a la razón y, en esta medida, participar de ella[58].

Con respecto a la facultad racional del alma, se refiere el autor a lo primariamente y en sí mismo racional con respecto a lo cual se formulan las virtudes dianoéticas procedentes de la enseñanza (sabiduría, inteligencia y prudencia), y "lo que tiene razón como el hacer caso del padre" que produce las virtudes éticas (liberalidad y templanza), que proceden de la costumbre. En cualquier caso, la adquisición de las virtudes, en tanto que no son pasiones ni facultades, sino hábitos, se produce por la práctica: "la virtud del hombre será también el hábito por el cual el hombre se hace bueno y por el cual ejecuta bien su función propia"[59]. Definitivamente, la idea de autonomía y de la razón como fuente de la moral resulta ajena a esta fórmula de pensamiento y no se incorpora en tanto no se formula el discurso sobre la libertad de conciencia y la potestad de cada

---

54 Rowe, C., "La ética en la Grecia Antigua", en Singer, P. (ed.), *Compendio de ética,* trad. J. Vigil Rubio y M. Vigil, Alianza, Madrid, 2004, pp. 183-197, p. 187.

55 Schneewind, J.B., "La Filosofía Moral Moderna", en Singer, P. (ed.), *Compendio de ética,* trad. J. Vigil Rubio y M. Vigil, Alianza, Madrid, 2004, pp. 217-231, p. 217.

56 Aristóteles, *Ética a Nicómaco,* cit., p. 39.

57 Pievatolo, M.C., *La giustizia degli invisivili,* cit., p. 131.

58 Aristóteles, *Ética a Nicómaco,* cit., pp. 17 y 18.

59 Aristóteles, *Ética a Nicómaco,* cit., p. 25.

ser humano de vivir de acuerdo con las propias leyes. En esta misma línea, Schneewind atribuye a Kant la invención de la moralidad como autonomía[60].

Al respecto, un aspecto interesante en relación con la condición humana en el mundo clásico es que esta se caracteriza, conforme se ha mencionado, por la complejidad y por la estratificación[61]. De este modo, la ética es particularista y excluyente, frente al universalismo propio de la modernidad. Así pues, y mientras en el mundo moderno la idea de dignidad se utiliza para expresar el valor compartido por los seres humanos, en la concepción griega no hay una idea uniforme a la que se reduce el ser humano, pero tampoco todas las 'condiciones humanas' son igualmente valiosas. En el caso de Aristóteles, podemos leer que "es esclavo por naturaleza el que puede depender de otro (por eso, precisamente, es de otro)"; además, el esclavo, a diferencia de los animales, participa de la razón en la medida en que es capaz de reconocerla (se diferencia en ello de los animales, que sólo poseen sensaciones), mas no es capaz de ejercerla; los cuerpos de los esclavos tienden a ser diferentes a los de los hombres libres[62]. Y, lo que es más importante, incluso el alma es diferente para los distintos seres humanos:

> "existen, pues, en ella por naturaleza lo gobernante y lo gobernado. De una y otra parte, afirmamos que poseen una virtud diferente, es decir, de lo dotado de razón y de lo irracional. Así pues, es evidente que lo mismo vale también para los otros casos. De modo que por naturaleza la mayoría de las cosas se componen de gobernantes y gobernados. De distinta forma manda el libre al esclavo que el macho a la hembra y que el hombre a su hijo. Y en todos ellos existen las partes del alma; pero existen de manera diferente"[63].

Es la naturaleza la que diferencia y jerarquiza, de modo que, señala también Aristóteles "por naturaleza, están definidos la mujer y el esclavo…entre los bárbaros, la mujer y el esclavo ocupan el mismo rango. La causa de esto es que carecen del elemento gobernante por naturaleza. Así que su comunidad resulta de esclavo y esclava"[64].

Y efectivamente, en Aristóteles también las virtudes son diferentes para cada uno de los seres humanos en función de si son libres, esclavos o mujeres:

---

60 Schneewind, J.B., *The Invention of Autonomy. A History of Modern Moral Philosophy*, Cambridge University Press, 1998.

61 Ferri, E., "La polis y el polites: orígenes y características de la categoría de ciudadanía", *Cuadernos Electrónicos de Filosofía del Derecho,* nº 34, 2016.

62 Aristóteles (323 a. C.), *Política*, trad. C. García Gual y A. Pérez Jiménez, Alianza, Madrid, 1986, pp. 48-49. Aunque también hay esclavitud por ley (p. 49).

63 Aristóteles, *Política,* cit., p.64.

64 Aristóteles, *Política*, cit., p. 43.

> "así que hay que pensar que lo que el poeta ha dicho sobre la mujer podría aplicarse a todas: «A una mujer le sirve la joya del silencio». Pero eso no va con el hombre. Ya que el niño es su ser imperfecto, es evidente que su virtud no está en relación con su ser actual, sino que está en dependencia de su madurez y de su guía. Del mismo modo que la del esclavo está en relación a su señor"[65].

Es en el tránsito a la Modernidad cuando se sientan las bases para el surgimiento de los derechos, de entre ellas, resulta fundamental la forma de concebir la dignidad humana, que encierra la definición de lo que se entiende por 'ser humano'. La dignidad es el valor que tienen los seres humanos por el hecho de ser humanos, y en este momento este valor se independiza de la religión pasando la autonomía del individuo a ocupar el lugar que en el modelo premoderno se atribuye a la autoridad.

En la Antigüedad y en la Edad Media, aparecen textos que atribuyen al ser humano un especial valor, así se desprende, por ejemplo, de la insistencia de Aristóteles en diferenciar las cualidades específicamente humanas de otras compartidas con el resto de los seres vivos. Sin embargo, además de que, como se ha señalado, algunos seres humanos son más preciados que otros, se trata, en cualquier caso, de un valor derivado.

Efectivamente, en el modelo premoderno no todos los seres humanos tienen igual valor, sino que, muy al contrario, la dignidad aparece vinculada a la función o a la posición que cada quien ocupa en la sociedad. Pievatolo interpreta esta estratificación, que se justifica en la naturaleza, como una jerarquía de la subjetividad moral[66]. La autora se fija en la situación de las mujeres, con respecto las cuáles señala "jurídicamente las mujeres ciudadanas atenienses estaban equiparadas a los menores, privadas como estaban del derecho de voto y de la facultad de representarse a sí mismas en las cortes de justicia; únicamente en el ámbito religioso tenían el derecho de participar en algunos ritos y de monopolizar otros; por lo demás, su papel estaba limitado a la administración de la casa y a la reproducción"[67].

Por otra parte, conforme se apuntaba, el valor del ser humano es derivado. En el caso de la antigüedad, se trata de una cuestión que se relaciona con la función que cada quien desempeña y depende de su naturaleza. Por su parte, señala G. Peces-Barba, "el cristianismo otorgará al hombre una singularidad primordial, derivada de su condición infinita e inabarcable a la imagen y semejanza de

---

[65] Aristóteles, *Política,* cit., p. 65.

[66] Pievatolo, M. C., *La giustizia degli invisibili. L'identificazione del suggetto morale, a ripartire da Kant,* Carocci, Roma, 1999, p. 90.

[67] Pievatolo, M.C., *La giustizia degli invisibili...*, cit., p. 91.

Dios"[68]. Incluso el concepto de 'dignidad' se refiere a la función o a la posición que una determinada persona ocupa como consecuencia de su estatus.

En ambos casos, utilizando la tipología de Pievatolo, se trata de modelos éticos que identifican al sujeto moral a partir de la previa identificación del bien, frente a los modelos en los que 'se toma el sujeto o los sujetos morales como dados y se construye el bien como variable a partir de esta constante'. De este modo, es posible diferenciar entre teorías, como las premodernas, que definen la condición humana partiendo de una opción por una determinada idea de bien, y aquellas otras, como tienden a ser las que surgen con la modernidad, que definen el bien a partir de la opción por una determinada forma de entender al ser humano. Ambas tienen problemas puesto que, la primera corre el riesgo de 'travestir' de bien lo que en realidad es bien para quienes deciden, mientras la segunda sólo puede fundamentar "una filosofía práctica de contenido determinado fijando metafísicamente el sujeto moral y sus preferencias"[69]. Como tendremos ocasión de comprobar, la Filosofía de los derechos humanos se origina precisamente en el marco de concepciones que toman la condición humana como algo dado, el problema de este punto de partida, que es el que preocupa en este trabajo con respecto al modelo moderno tradicional de derechos, es que "una teoría ética o jurídica que asume su sujeto como algo dado y construye para él las reglas y la concepción del bien, no sabe cómo hacer visible la cuestión de la exclusión como un problema de filosofía práctica"[70].

Otro aspecto de interés desde el punto de vista del presente trabajo, lo constituye el modelo de relación entre las dimensiones corporales y otras dimensiones de la existencia humana. En relación con esta cuestión, y, puesto que para Aristóteles existen distintas funciones que desempeñan los seres humanos, también existen distintos modelos de vida buena. Cuando se trata de dilucidar cuál es la función específicamente humana, en relación con la cuál puede determinarse la vida buena, son rechazados aquéllos aspectos que son compartidos con todos los seres vivos o bien que los seres humanos comparten con los animales, de modo que la lectura de Aristóteles conduce a la conclusión de que la característica que permite identificar al humano no puede ser "la vida de nutrición y crecimiento", desde el momento de que esta cuestión es compartida con las plantas. Tampoco puede serlo la vida sensitiva por ser "común al caballo, al buey y a todos los animales". Con lo anterior, tan sólo puede ser alguna actividad del alma lo que diferencia al ser humano de otros seres vivos, así "queda, por último, cierta vida activa propia del ente que tiene

---

[68] Peces-Barba, G., *La dignidad de la persona desde la Filosofía del Derecho,* Dykinson, Madrid, 2002, p. 27.

[69] Pievatolo, M.C., *La giustizia degli invisibile,* cit., p. 153.

[70] Pievatolo, M.C., *La giustizia degli invisibile,* cit., p. 217.

razón; y, este, por una parte, obedece a la razón; por otra parte, la posee y la piensa". Asimismo, son específicas de los seres humanos las acciones razonables, lo que en Aristóteles hay que interpretar como conformes con la virtud[71]. Recordemos en este punto que no todos los seres humanos son capaces de ejercitar la razón, aun cuando todos son capaces de identificarla.

Adicionalmente, propios del hombre son la elección[72] y la deliberación, que se produce sobre los medios, no sobre los fines (que vienen dados por la idea de bien), y se refiere a las cosas que los hombres pueden hacer (y no sobre lo que es necesario o sobre lo que está fuera de su alcance): "el objeto de la deliberación y el de la elección son el mismo, salvo que el fin de la elección está ya determinado, pues se elige lo que se ha decidido como resultado de la deliberación"[73].

La concepción platónica del alma en lucha contra el cuerpo[74], y el menosprecio de la dimensión material de la existencia, se trasladan al pensamiento cristiano. No obstante, en el caso de Aristóteles, y a pesar de que considera que las actividades corporales no son específicamente humanas, también incide en que la felicidad necesita de ciertas condiciones materiales para ser posible. En sus palabras:

> "pues es imposible o no es fácil hacer el bien cuando se está desprovisto de recursos. Muchas cosas, en efecto, se hacen, como por medio de instrumentos, mediante los amigos y la riqueza y el poder político; y la falta de algunas cosas empaña la ventura, y así la nobleza de linaje, buenos hijos y belleza: no podría ser feliz del todo aquel cuyo aspecto fuera completamente repulsivo, o malnacido, o solo y sin hijos, y quizá menos aún aquel cuyos hijos o amigos fueran absolutamente depravados, o, siendo buenos, hubiesen muerto. Por consiguiente, como dijimos, la felicidad parece necesitar también de esta clase de prosperidad, y por eso algunos identifican la buena suerte con la felicidad; pero otros la virtud"[75].

3.2. El vínculo social y la libertad de los antiguos

Continuando con la reflexión a propósito del modo en que la condición humana es representada en Aristóteles, recordemos que el autor propone una

[71] "El bien humano es una actividad del alma conforma a la virtud, y si las virtudes son varias, conforme a la mejor y más perfecta, y además en una vida entera". Aristóteles, *Ética a Nicómaco,* cit., pp. 8-9.

[72] Aristóteles, *Ética a Nicómaco,* cit., p. 35

[73] Aristóteles. *Ética a Nicómaco,* cit., p. 38.

[74] Pelé, A., *La dignidad humana. Sus orígenes en el pensamiento clásico,* Dykinson, Madrid, 2010, pp. 72 y ss.

[75] Aristóteles, *Ética a Nicómaco,* cit., p. 11.

concepción del hombre como un animal cívico, un ser social por naturaleza. A pesar de ello, la misma naturaleza es la que justifica las exclusiones, con lo que aunque la condición humana es condición política, al menos en Aristóteles, esta condición no la tienen de forma plena todos los hombres –no la comparten, desde luego, las mujeres–, sino los ciudadanos, que al tiempo son propietarios. Además de la condición política, forma parte de la condición natural del hombre el estar dotado de 'logos' y estas dos condiciones son naturales[76]. La ciudad, la comunidad política, es anterior a la casa, en tanto que es la suprema comunidad moral; y la casa se compone de libres y esclavos[77], sin embargo, la comunidad política no se establece entre todos los seres humanos, sino entre los ciudadanos, hombres griegos, adultos y libres, que son los identificados como 'sujetos morales'[78].

Ya se ha tenido ocasión de apuntar que en Aristóteles la ciudad es anterior a la casa. Asimismo, resulta coherente con lo que hasta aquí se ha dicho considerar que en la ciudad, en el espacio público, se relacionan los ciudadanos iguales, mientras en la casa, el espacio privado por excelencia, se establecen relaciones de jerarquía entre el amo y los restantes ocupantes. De este modo, si bien el poder político se ejerce sobre personas libres, según Aristóteles, el poder del amo se ejerce sobre esclavos. Con lo anterior, cuando se representa el espacio privado, surge un escenario en el que existen relaciones de dominación, por otro lado, justificadas: "el gobierno doméstico es una monarquía (ya que toda la casa está gobernada por uno solo), y, en cambio, el político es un gobierno de hombres libres e iguales"[79]. Y es que el amo en casa es el ciudadano en la ciudad, y la condición de ciudadano se define "por su participación en la justicia y en el gobierno"[80].

De este modo, podemos leer en Aristóteles "las partes de la administración doméstica eran tres: una, la del dominio del amo…; otra, la paterna, y, en tercer lugar, la conyugal. Pues también hay que gobernar a la mujer y a los hijos, como a libres en uno y otro caso, pero no con el mismo tipo de gobierno, sino que manda sobre la esposa políticamente y sobre los hijos monárquicamente". Y el poder del marido sobre la mujer se justifica porque 'el macho es por naturaleza más apto para la dirección que la mujer', como el más viejo es más apto

---

76 Campillo, A., "Animal político, Aristóteles, Arendt y nosotros", *Revista de Filosofía*, vol. 39, 2014, pp. 169-188, pp. 172-174, y, señala el autor en relación con la limitación que "tuvo enormes consecuencias en la historia del pensamiento filosófico, científico y político de Occidente. De hecho, la historia del pensamiento occidental, durante más de dos milenios, ha sido la historia de un gran proceso de *despolitización,* es decir, de *naturalización* y, por tanto, de *legitimación* ideológica de unos determinados regímenes histórico-políticos de dominación estamental entre diferentes categorías de seres humanos".

77 Aristóteles, *Política*, cit., p. 45.

78 Pievatolo, M.C., *La giustizia degli invisibili,* cit., p. 91.

79 Aristóteles, *Política,* cit., p. 51.

80 Aristóteles, *Política,* cit., p. 108.

que el más joven. En relación con los hijos, el padre 'ejerce su mando por su afecto y su mayor edad'[81]

En relación con el paralelismo que establece Aristóteles entre el poder en la casa y el poder en la ciudad, critica Arendt la tendencia de la tradición occidental de pensamiento a considerar el modelo de autoridad de los padres sobre los hijos exportable a la caracterización autoridad política[82].

En cualquier caso, en la concepción premoderna los seres humanos no se conciben al margen de su relación con otros seres humanos y este punto de partida condiciona el modo en el que se entiende la libertad. Efectivamente, la concepción de la libertad en el mundo antiguo, difiere en gran medida del modo en el que esta idea se entiende en el mundo moderno. En este sentido se atribuye a B. Constant la distinción entre libertad de los antiguos y libertad de los modernos. La crítica de Constant frente al modelo que llama de 'libertad de los antiguos' tiene sentido como rechazo de una concepción de la sociedad constituida en comunidad. En el caso de Constant se trata de rechazar las propuestas de Rousseau. En cierto modo, la defensa que lleva a cabo Constant de la libertad de los modernos es la defensa del individualismo. Más adelante veremos cómo, frente a la libertad de los antiguos, la libertad de los modernos es libertad negativa, pero también libertad como no dominación arbitraria.

En este sentido, cuando Benjamin Constant distingue la *libertad de los antiguos* y la *libertad de los modernos,* habla de 'libertad de los modernos' para hacer referencia al

> "derecho de cada uno a no estar sometido más que a las leyes, a no poder ser ni arrestado, ni detenido, ni muerto, ni maltratado de manera alguna a causa de la voluntad arbitraria de uno o de varios individuos. Es el derecho de cada uno a expresar su opinión, a escoger su trabajo y a ejercerlo, a disponer de su propiedad, y abusar incluso de ella; a ir y venir sin pedir permiso y sin rendir cuentas de sus motivos o de sus pasos. Es el derecho de cada uno a reunirse con otras personas, sea para

---

[81] Aristóteles, *Política,* cit., p. 62-63.

[82] Al respecto, podemos leer "desde tiempos inmemoriales, en nuestra tradición de pensamiento político, nos acostumbramos a considerar que la autoridad de los padres sobre los hijos, de los profesores sobre los alumnos, era el modelo según el cual debíamos entender la autoridad política. Este modelo, que ya encontramos en Platón y en Aristóteles, es lo que da una ambigüedad extraordinaria al concepto de autoridad en política. Ante todo, se basa en una superioridad absoluta que nunca puede existir entre adultos y que, desde el punto de vista de la dignidad humana, jamás debe existir. En segundo lugar, siguiendo el patrón de una guardería, se basó en una superioridad meramente temporal, y, por consiguiente, se autocontradice si se aplica en relaciones que no son temporales por naturaleza, como las que existen entre los gobernantes y los gobernados". Arendt, H., *Entre el pasado y el futuro Ocho ejercicios sobre la reflexión política,* trad. A. Poljak, Península, Barcelona, 1996, pp. 227-268, cit., p. 293.

> hablar de sus intereses, sea para profesar el culto que él y sus asociados prefieran, sea simplemente para llenar sus días y sus horas de la manera más conforme a sus inclinaciones, a sus caprichos. Es, en fin, el derecho de cada uno a influir en la administración del gobierno, bien por medio del nombramiento de todos o de determinados funcionarios, bien a través de representaciones, de peticiones, de demandas que la autoridad está más o menos obligada a tomar en consideración"[83].

Como se desprende el texto transcrito, Constant trata de mantener la defensa de la privacidad como una condición de la legitimidad del poder en el modelo liberal. La libertad de los modernos se traduce en la existencia de un ámbito de privacidad, y, por tanto, "en el disfrute apacible de la independencia privada"[84], sin embargo, no está negando Constant que la participación política no forme parte de la libertad de los modernos, tan sólo que es un derecho más entre los que se concreta esta libertad que claramente se plantea en términos individualistas. En la medida en que para B. Constant la participación política también puede ser entendida como manifestación de la libertad adecuada para los modernos, se trata de un concepto más amplio que el de la libertad negativa propuesto por Isaiah Berlin, que aparece relacionada con el modelo moderno tradicional según se verá, y abarca algunos aspectos que en esta otra tipología formarían parte de la libertad positiva[85]. No obstante, existe un número importante de propuestas en el marco de la concepción moderna que entienden que la libertad protegida por los derechos es, efectivamente, la libertad negativa, manteniendo la perspectiva de la 'la maldad estatal'[86] y justificando, de uno u otro modo, una cierta pérdida de dignidad de la política; por eso es posible afirmar que es precisamente la libertad negativa la que caracteriza el modelo tradicional.

Por su parte, la libertad de los antiguos consiste

> "en ejercer de forma colectiva pero directa, distintos aspectos del conjunto de la soberanía, en deliberar, en la plaza pública, sobre la guerra y la paz, en concluir alianzas con los extranjeros, en votar las leyes, en pronunciar sentencias, en examinar las cuentas, los actos, la gestión de los magistrados, en hacerles comparecer ante todo el pueblo, acusarles, condenarles o absolverles"[87].

---

83 Constant, B. (1819), "De la libertad de los antiguos comparada con la de los modernos", *Escritos políticos,* trad. M.L. Sánchez, Centro de Estudios Constitucionales, Madrid, 1989, pp. 257-285, p. 268.

84 Constant, B., "De la libertad de los antiguos…", cit., p. 268.

85 Berlin, I., "Dos conceptos de libertad", en *Cuatro ensayos sobre la libertad*, traducción de J. Bayón, Alianza, Madrid, 1998, pp. 21-280.

86 Parafraseando a Díaz, E., *De la maldad estatal y la soberanía popular,* Debate, Madrid, 1984.

87 Constant, B., "De la libertad de los antiguos…", cit., p. 268.

De este modo, en la tipología de Constant, la libertad de los antiguos aparece como la posibilidad de intervenir directamente en los asuntos públicos, y supone "la participación activa y continua en el poder colectivo"[88]. Una diferencia fundamental, a los efectos que interesan en el presente trabajo, entre libertad de los antiguos y libertad de los modernos, es que la primera implica una libertad colectiva. Recordemos, por otro lado, que la autonomía se predica de la organización política, y no de las decisiones individuales. Precisamente, el argumento fundamental que utiliza Constant en su defensa de la libertad de los modernos, frente a la libertad de los antiguos que atribuye a Rousseau, es que si la libertad se predica del grupo y no del individuo, el discurso es difícilmente compatible con la idea de derechos humanos.

Se ha señalado que algunas posiciones críticas con la concepción moderna tradicional se han basado en la recuperación de elementos propios de una caracterización premoderna de la condición humana. Un aspecto en el que han insistido es en la importancia de los vínculos sociales para comprender qué somos los seres humanos. A partir de esta crítica, que concluye en numerosas ocasiones con el rechazo a los derechos humanos, y otras en la formulación de teorías que se alejan de los presupuestos de una teoría de la justicia basada en derechos, la concepción contemporánea integra la idea de pertenencia aceptando que la pertenencia ha de tenerse en cuenta en la configuración de los sistemas derechos en la medida en que afecta a las condiciones de su efectividad.

Por otro lado, se ha insistido hasta aquí en que la concepción premoderna de la condición humana se basa en la estratificación, frente a la defensa de la igual dignidad de todos los seres humanos que constituye el punto de partida de la concepción moderna. Sin embargo, la distinción entre los derechos del hombre y del ciudadano que acompaña a esta concepción, mantiene la legitimidad de una sociedad fracturada entre quienes son ciudadanos y quienes no los son. Este es otro de los aspectos que critica la concepción contemporánea que, por otro lado, introduce elementos del republicanismo, como planeamiento que maneja un concepto de libertad que no coincide ni con la libertad de los antiguos, ni con la libertad de los modernos tal y como son caracterizados por B. Constant.

---

88 Constant, B., "De la libertad de los antiguos...", cit., p. 268.

4.
LA AUTONOMÍA Y 'QUÉ DEBE CONTAR COMO HUMANO' EN LA CONCEPCIÓN MODERNA DE LOS DERECHOS

La idea misma de los derechos humanos constituye un producto de la tradición occidental moderna y su formulación se produce en el marco de la Ilustración y de la ideología del liberalismo político[89]. En este sentido, G. Peces-Barba subraya el papel que el incipiente capitalismo, el ascenso de la burguesía como clase social, el impulso a la mentalidad individualista, el racionalismo y la secularización, así como el surgimiento del Estado moderno y la consolidación de una nueva idea de ciencia desempeñan como rasgos que marcan el tránsito a la modernidad y que constituyen condiciones de posibilidad de la 'Filosofía de los derechos humanos'. Asimismo, detrás de la articulación de los derechos como idea podemos identificar los intereses de una determinada clase social, la burguesía, que se consolida como dominante en el mundo occidental. En este escenario es en el que cobra sentido la sustitución de un esquema tradicionalista y religioso de legitimidad del poder por las propuestas contractualistas[90].

También es este el marco en el que la moralidad se independiza de la autoridad y se vincula al propio ser humano, que se representa como autónomo en tanto en cuanto de él mismo proceden las normas que le vinculan. En el esquema de la Ilustración, la razón constituye la guía que permite encontrar las normas morales, pero en los requisitos de la racionalidad se contienen los elementos que van a justificar la exclusión de la mayor parte de la humanidad: aquéllos que no son autónomos por ser dependientes o porque no se conside-

---

[89] Peces-Barba, G., *Tránsito a la Modernidad y Derechos Fundamentales,* Mezquita, Madrid, 1982, pp. 1-9.

[90] Peces-Barba, G., *Tránsito a la Modernidad y Derechos Fundamentales,* cit., p. 161.

ran capaces de pensamiento racional. Por otro lado, el punto de vista imparcial que requiere la universalidad, se construye a partir de una experiencia concreta que se presenta como 'neutra'. El resultado es que el titular de derechos resulta siendo el 'sujeto descarnado'.

Así pues, como consecuencia de algunos de los presupuestos de las teorías de los derechos que aparecen vinculados a una determinada comprensión del liberalismo, se justifica la idea, contradictoria con el universalismo también característico de esta tradición, de que no todos los seres humanos son igualmente titulares de los derechos humanos o están en condiciones para ejercerlos. Por el contrario, únicamente los seres humanos autónomos y racionales son titulares plenos de los derechos. El resto, es decir, quienes no son autónomos, porque son dependientes o no son autosuficientes, y quienes no comparten los requisitos de racionalidad tal y como son formulados, son a veces privados de la titularidad de los derechos, a veces de la capacidad de ejercerlos por sí mismos.

Asimismo, se propone una revisión crítica del modo en el que en la concepción contemporánea se define la capacidad de autogobierno. En este marco, se muestra cómo la concepción moderna tradicional se basa en estereotipos que llevan a considerar como vulnerables y necesitados de protección y cuidado a ciertos seres humanos y no a otros. Frente a ello, en el modelo contemporáneo se insiste en la inherente vulnerabilidad de los seres humanos y en la necesidad de incluir la idea de sufrimiento entre los elementos clave para comprender el sentido de los derechos. Esta desconexión entre los derechos y las condiciones en las que se desarrolla la existencia humana es el resultado de la abstracción y conduce a sistemas jurídicos de protección en los que los derechos se atribuyen a las personas, y la personalidad es un concepto jurídico, por lo que ni todos los seres humanos son personas, ni todas las personas son seres humanos[91].

Esta crítica que se dirige frente al modelo moderno tradicional que fue trasladado al Derecho con las revoluciones burguesas del siglo XVIII, resulta tam-

[91] Un ejemplo interesante al respecto, si se contempla a la luz de estas consideraciones, puede encontrarse en la construcción de la personalidad jurídica que estaba presente en el Código civil español. Y es que, hasta julio de 2011, el artículo 29 del Código civil consideraba que el nacimiento determinaba la personalidad, pero, señalaba también, "el concebido se tiene por nacido para todos los efectos que le sean favorables, siempre que nazca con las condiciones que expresa el artículo siguiente" y el artículo 30 establecía "para los efectos civiles, sólo se reputará nacido el feto que tuviere figura humana y viviere veinticuatro horas enteramente desprendido del seno materno". Jurídicamente un niño o niña que 'no tuviere figura humana' o antes de pasar veinticuatro horas desde su desprendimiento del seno materno, no es una persona y, por tanto, no puede ser titular de derechos. Sin embargo, es difícil aceptar que este niño o niña no sea un ser humano.

bién pertinente en relación con la interpretación dominante de la Declaración Universal de Derechos Humanos, en la medida en que el documento refleja una idéntica concepción de la condición humana. A propósito de esta cuestión, A. Grear subraya la influencia que la Declaración de Derechos del Hombre y del Ciudadano de 1789 tiene en la redacción y en la interpretación de la Declaración Universal de Derechos Humanos[92].

Ya se ha apuntado, y tendremos ocasión de ampliar esta idea, que una de las críticas que desde la concepción contemporánea se realiza frente a esta concepción guarda relación con su desconocimiento del hecho de que entre los seres humanos se establecen distintos tipos de relaciones de dependencia, pero todas las personas somos dependientes en varios sentidos. De esta forma, insiste en que todas dependemos en alguna medida y de diversos modos de otras y en que esta condición no puede pasar desapercibida cuando se trata de reflexionar sobre lo que significa ser humano.

El referente por excelencia de este modelo es Kant, a veces a pesar de Kant, por eso merece la pena desarrollar el modo en el que algunos de los elementos que se han propuesto como guías para mostrar las diferencias entre los tres esquemas de comprensión de la 'condición humana' se reflejan en su obra y en algunos de los desarrollos de autores representativos de la mentalidad de la modernidad.

Se ha insistido hasta aquí que en el esquema del modelo moderno tradicional es en el que se origina la idea de derechos, y también en que existen varias cuestiones en relación con el modo en el que en él se configura la condición humana, que han supuesto otros tantos obstáculos para la universalización de los derechos. La primera de ellas tiene que ver con que la experiencia particular y concreta de quienes impulsan el modelo sirve como punto de partida para la definición de los rasgos universales de los seres humanos. Específicamente la autonomía y la racionalidad operan en el marco de la teoría de forma tal que el titular de derechos, que se presenta como abstracto, se acerca, sin embargo, a las condiciones de los hombres blancos, propietarios, heterosexuales y socio-físicamente independientes.

La segunda cuestión tiene que ver con la presentación de una propuesta prescriptiva como una descripción a propósito de lo que significa ser humano; y en este sentido desconsideran la faceta emocional y corporal de los seres humanos, que indudablemente es parte de su condición, y priorizan la dimensión racional y espiritual. De este modo, ni siquiera esa concepción abstracta de lo que supone ser humano serviría para identificar ni un solo ser humano a

---

[92] Grear, A. "'Framing the Project' of international human rights law", in Gearty, C. and Douzinas, C. (ed.), *Human Rights Law,* Cambridge University Press, 2013, pp. 17-35.

lo largo de toda su vida, puesto que incluso los hombres blancos, propietarios, heterosexuales y socio-físicamente independientes alguna vez han sido niños, enferman, envejecen, aman y odian.

Al mismo tiempo, puesto que los derechos se mantienen en el plano de lo abstracto, el mayor desarrollo de la categoría ha venido de la mano de la reflexión filosófica, política y jurídica, pero se ha producido un desinterés por parte de otras disciplinas, como la Sociología, más interesadas en profundizar en las experiencias de vida de los seres humanos. A la inversa, y en palabras de Turner, "la Sociología es típicamente escéptica, sobre la base de fundamentos históricos y comparativos, sobre la posibilidad de la existencia social de derechos y obligaciones universalistas"[93], de forma que tampoco la Sociología ha tomado en consideración 'la principal ideología del mundo, que constituye la principal característica de los procesos e instituciones socio-políticos de las sociedades modernas'.

Adicionalmente, las propuestas que se formulan desde la concepción moderna tradicional son esencialistas, de tal manera que quienes no comparten las características consideradas como definitorias de la condición humana, tampoco pueden ser considerados en sentido pleno seres humanos. Desde ciertas defensas de los derechos de los animales, se considera que uno de los déficits de las teorías de los derechos humanos es que han resultado especistas, y se tratan de encontrar los elementos que se han venido considerando como definitorios de lo humano y, por tanto, como el argumento para conceder a los seres humanos ese especial valor que llamamos dignidad, para justificar la ampliación a ciertos animales. Sin querer entrar en este tipo de argumentaciones, es posible señalar que presentan, al menos, dos problemas que comparten con las construcciones de la teoría moderna tradicional, y es que, como en aquel caso, incurren en el esencialismo, pero, además, no tienen en cuenta que tampoco en el marco de las teorías que presentan basta con formar parte de la especie para compartir la dignidad, por el contrario, se suele exigir que en el ser humano y en los animales se den también esos rasgos adicionales que se requieren para ser valorado como auténticamente humano.

En tercer lugar, interesa mostrar en qué medida la concepción tradicional desconsidera lo importante que es para los seres humanos su relación con las otras personas. En algunas teorías esta relación con los otros se presenta como un mal necesario y precisamente los derechos aparecen como los instrumentos que permiten mitigar ese mal. Sin embargo, hasta el momento, los seres humanos nos realizamos mediante las interacciones con otros seres humanos, por lo que será insuficiente cualquier caracterización de la condición humana que desconsidere ese hecho.

---

93 Turner, B.S., "Outline of a Theory of Human Rights", *Sociology*, vol. 27, nº3, Agosto 1993, pp. 489-512, p. 490.

Existe además otro sentido en el que el paradigma tradicional se revela insuficiente para dar cuenta de aspectos de la condición humana relevantes desde el punto de vista de la justicia de las instituciones, me refiero a la tendencia a caracterizar al ser humano desde el individualismo posesivo[94]

Finalmente, en el marco moderno tradicional, la protección de los derechos se confía al Estado nación, de modo que por la relación que se establece entre nacionalidad y ciudadanía sólo algunos encuentran protección de sus derechos dentro de los límites marcados por el Estado. Por otro lado, el modo en el que se configura la separación entre lo público y lo privado tiene consecuencias de distinto tipo sobre los derechos. Por un lado, y en la medida en que únicamente quienes comparten esos rasgos definitorios de la condición humana por excelencia habitan los espacios públicos, hay un número importante de sujetos que quedan excluidos de la posibilidad de participar en la vida pública; por otro lado, estos mismos sujetos quedan sometidos en los espacios privados al poder de quien sí es un ser humano pleno, sin que los derechos, que son pensados como límites a los poderes públicos, puedan utilizarse como salvaguardas.

Existen sobradas razones para considerar a Kant como representante de la Ilustración y para adoptar como punto de partida para caracterizar el modelo moderno tradicional de derechos su "Contestación a la pregunta: qué es la Ilustración"[95]. Efectivamente, en la respuesta de Kant a esta pregunta, "la salida del hombre de su condición de menor de edad de la cual él mismo es culpable", se encierra toda una concepción de la condición humana que es la misma que sirve de base para la construcción del modelo moderno tradicional de derechos. Es interesante además recordar que en las primeras líneas de este texto podemos leer cómo el diagnóstico del autor es que la 'pereza y la cobardía' ante lo que consideran peligroso la mayoría de los hombres y "entre ellos la totalidad del bello sexo", son la causa de que la menor edad casi se haya convertido 'en connatural', de modo que otros se hayan 'erigido en tutores'[96], a pesar de que lo natural es la propensión al pensar libre[97].

Precisamente, la salida de la minoría de edad que, conforme hemos visto, es la respuesta a la pregunta qué es la Ilustración, implica que los seres humanos se acepten a sí mismos como dotados de autonomía. En este trabajo la autonomía opera especialmente en la liberación con respecto a la religión

---

[94] Macpherson, C.B., *La teoría política del individualismo posesivo. De Hobbes a Locke,* trad. J. R. Capella, Trotta, Barcelona, 2005.

[95] Kant, I., "Contestación a la pregunta: qué es la Ilustración" (1784), trad. R. Rodríguez Aramayo, *Isegoría*, nº25, 2001, pp. 287-291.

[96] Kant, I., "Contestación a la pregunta: qué es la Ilustración", cit., p 287.

[97] Kant, I., "Contestación a la pregunta: qué es la Ilustración", cit., p. 291.

> "he colocado el epicentro de la ilustración, o sea, el abandono por parte del hombre de aquella minoría de edad respecto de la cual es culpable él mismo, en cuestiones religiosas, porque nuestros mandatarios no suelen tener interés alguno en oficiar como tutores de sus súbditos en lo que atañe a las artes y las ciencias, y porque además aquella minoría de edad es asimismo la más nociva e infame de todas ellas"[98].

Y en esta medida, también refleja la línea característica de la modernidad que consiste en el intento de separar la explicación del mundo de las concepciones religiosas. Al respecto, afirma Schneewind:

> "El pensamiento filosófico occidental de la antigüedad acerca de la forma de vivir se centró en la cuestión del supremo bien: ¿qué vida es más plena y duraderamente satisfactoria? Si bien se pensaba que la virtud había de regir las relaciones de uno con los demás, el objetivo primordial era alcanzar el bien para uno mismo. El cristianismo enseñó que sólo mediante la salvación podía alcanzarse el supremo bien, y complicó la búsqueda de éste insistiendo en la obediencia a los mandamientos de Dios. El cometido característico de la ética filosófica moderna se formó a medida que las ideas del supremo bien y de la voluntad del Dios cristiano llegaron a parecer cada vez menos capaces de ofrecer una orientación práctica"[99].

Frente al modelo premoderno, el modelo moderno sustituye la autoridad por la autonomía y la tradición por la razón, y ambas pasan a ser clave para la caracterización que en él se realiza de la condición humana.

4.1. Autonomía y racionalidad como criterios para la atribución de dignidad humana

En relación con el tema que se está desarrollando en el presente trabajo, el elemento que en mayor medida condiciona las diferencias entre la concepción premoderna y la concepción moderna de la condición humana es la idea de dignidad humana y, en relación con ella, el papel desempeñado por la autono-

---

98 Kant, I., "Contestación a la pregunta: qué es la Ilustración", cit., p. 291.

99 Schneewind, J.B., "La Filosofía Moral Moderna", en Singer, P. (ed), *Compendio de ética,* trad. J. Vigil Rubio y M. Vigil, Alianza, Madrid, 2004, pp. 217-231, p. 217. Y en este marco, "las filosofías morales de Reid, Bentham, y Kant son los esfuerzos finales del siglo XVII de articular la normativa creencia sobre la dignidad y valor del individuo que condujo a las concepciones de la moralidad como auto-gobierno", Schneedwind, J.B., *The invention of Autonomy. A History of Modern Moral Philosophy,* Cambridge University Press, New York, 1998, p. 6.

mía. Los rasgos que definen lo que significa ser humano en el modelo moderno tienen que ver con la autonomía y la razón, de las que depende la dignidad, por un lado, y, por otro lado, se trata de condiciones que no se consideran graduables.

La defensa de la autonomía en el pensamiento moderno arranca de su independencia con respecto a las concepciones tanto intelectualistas como voluntaristas vinculadas a la idea de Dios[100]. En la interpretación de Onora O'Neill, el elemento clave de esta concepción no lo constituye el papel atribuido a la razón, sino, precisamente, y esto constituye la mayor originalidad con respecto al modo en el que se ha caracterizado el modelo premoderno, de la autonomía, puesto que es en la autonomía en la que se justifica aquel nuevo papel atribuido a la razón:

> "El pensamiento razonado (hablar, escribir) debe ser autónomo en el estricto sentido kantiano de seguir o adoptar libremente alguna ley o principio en lugar de aplazarse a alguna supuesta autoridad que ordena o prescribe la ley. Por lo tanto, debe incorporar una estructura por la cual otros puedan seguir el tintineo (hablar, escribir)"[101].

De este modo, el aspecto fundamental desde el que en la concepción kantiana se caracteriza al ser humano es precisamente la autonomía y este rasgo es incluido en el modelo moderno tradicional de los derechos, en la medida en que la libertad constituye el presupuesto de la ética. En este sentido, podemos leer en Kant cómo la libertad es el fundamento de que la razón deba desentrañar la ley moral capaz de determinarla:

> "Como la simple forma de la ley no puede ser representada sino por la razón y, por ende, no constituye un objeto de los sentidos, ni tampoco pertenece por consiguiente al ámbito de los fenómenos, la representación de dicha forma como fundamento para determinar la voluntad viene a diferenciarse de todos esos fundamentos que determinan cuanto acaece en la naturaleza conforme a la ley de la causalidad, porque en estos acontecimientos los fundamentos determinantes han de ser ellos fenómenos. Ahora bien, si no existe ningún otro fundamento para determinar la voluntad que pueda servirle a ésa como ley salvo aquella forma legisladora universal, entonces una voluntad tal tiene que ser pensada

---

[100] Esta idea está presente en las distintas aportaciones a Brender, N., and Krasnoff, L., (ed.) *New Essays on the History of Autonomy. A Collection Honoring J.B. Schneewind,* Cambridge University Press, New York, 2004.

[101] O'Neill, O. "Autonomy, Plurality and Public Reason", in Natalie Brender and Larry Krasnoff, *New Essays on the History of Autonomy. A Collection Honoring J.B. Schneewind,* Cambridge University Press, New York, 2004, pp. 181-194, p. 189.

como plenamente independiente de la ley natural de los fenómenos en sus relaciones recíprocas, o sea, de la ley de la causalidad. Mas una independencia semejante se llama *libertad* en el sentido más estricto, que no es sino el trascendental. Así pues, una voluntad a la que puede servir como ley, por sí sola, la simple forma legisladora de la máxima es una voluntad libre"[102].

Y esa ley capaz de determinar la voluntad libre es una ley práctica absoluta cuyo contenido es "obra de tal modo que la máxima de tu voluntad siempre pueda valer al mismo tiempo como principio de una legislación universal"[103]. La relación entre autonomía, razón y ley moral es válida para todos los seres racionales dotados de voluntad –que aquí se entiende como la 'facultad de determinar su causalidad mediante la representación de reglas'– y que por ello sean capaces de obrar según principios, de modo que el imperativo "no se ciñe únicamente al género humano, sino que alcanza a todo ente finito que posea razón y voluntad"[104].

La autonomía de la voluntad constituye el principio de la moralidad por cuanto el deber, señala Kant, surge de la personalidad, que entiende como "la libertad e independencia respecto del mecanismo de toda naturaleza, considerada ciertamente como una capacidad característica de un ser que se halla sometido a leyes prácticas puras proporcionadas por su propia razón"[105]. El reconocimiento de la personalidad implica el reconocimiento de un especial valor, esto es, de una especial dignidad. Y, efectivamente, para Kant esta cualidad es compartida por el hombre y toda criatura racional.

> "Todo cuanto hay en la creación puede ser utilizado *simplemente como medio* con tal de que quien así lo quiera tenga cierta capacidad para ello; sólo el ser humano, y con él cualquier criatura racional, supone un *fin en sí mismo*. Él es el sujeto de la ley moral, que es sacrosanta, gracias a la autonomía de su voluntad. A ello se debe que cada voluntad, incluso la propia de cualquier persona dirigida sobre sí misma, se quede limitada por la condición de coincidir con la *autonomía* del ente racional, a saber, no someterlo a ningún propósito que sea imposible según una ley emanada de la voluntad del sujeto paciente y, por tanto, no utilizarlo nunca simplemente como medio sin considerarlo al mismo tiempo cual si fuera un fin en sí mismo"[106].

---

[102] Kant, I., *Crítica de la razón práctica,* trad. R. Rodríguez Aramayo, Alianza, Madrid, 2000, pp. 93-94.

[103] Kant, I., *Crítica de la razón práctica,* cit., p. 97.

[104] Kant, I., *Crítica de la razón práctica,* cit., p. 100.

[105] Kant, I., *Crítica de la razón práctica,* cit., p. 182.

[106] Kant, I., *Crítica de la razón práctica,* cit., p. 183.

Como puede apreciarse en los textos transcritos, la condición para atribuir ese especial valor del que están dotados ciertos seres, que implica que no deban ser tratados simplemente como medio, no es, ni mucho menos, biológica, sino que se sitúa en la voluntad, y en la racionalidad[107]. De este modo, las cualidades que definen al sujeto moral no guardan relación con las características de los seres humanos en tanto que seres vivientes, sino con su racionalidad y con la posibilidad de autodeterminación y de esta última depende la personalidad moral[108]. En consecuencia, no sólo los seres humanos pueden tener personalidad moral, pero al mismo tiempo resulta coherente también que no todos los seres humanos la posean, y, efectivamente, Kant excluye de esta condición a los niños, a las mujeres y a los trabajadores asalariados[109].

La reflexión de Kant desempeña un papel fundamental en la construcción del paradigma moderno tradicional de los derechos que, por un lado, se ha basado en la idea de que la dignidad es el presupuesto para la atribución de derechos y, por otro, ha definido los rasgos de la dignidad de modo que, en los hechos, no todos los seres humanos venían resultando igualmente dignos.

Al respecto, G. Peces-Barba muestra cómo la dignidad, por referencia al especial valor compartido por los seres humanos, se construye desde dos perspectivas, una es formal, 'de raíz kantiana' y la hace derivar de la autonomía entendida como capacidad de elegir y como independencia moral; la otra perspectiva se refiere a los rasgos que diferencian al ser humano de los restantes animales situándolo en el centro del mundo, y tiene un origen 'humanista y renacentista'[110]. La segunda, la perspectiva de los contenidos, también incluye la autonomía en los dos sentidos señalados desde la aproximación formal, pero además añade la capacidad para construir conceptos generales y razonar, la capacidad de creación artística, la capacidad de diálogo y comunicación y la sociabilidad.

Esta concepción permea, de un modo u otro, todo el pensamiento que está detrás de la construcción del modelo moderno, de modo que la atribución de valor intrínseco a los seres humanos depende de que se cumplan ciertos rasgos

---

[107] De la condición biológica del ser humano deriva la disposición a la animalidad, que guarda relación con el amor a sí mismo físico y se traduce en los impulsos de preservación de sí mismo, prolongación de la especie e impulso social; por otro lado, existe también una disposición a la humanidad que tiene que ver con el amor a sí mismo, pero en relación con los otros, y exige de la razón; finalmente, la disposición a la personalidad guarda relación con el respeto a la ley moral. Kant, I., *La religión dentro de los límites de la mera razón,* trad. de F. Martínez Marzoa, Alianza, Madird, 1986, p. 7.

[108] Pievatolo, M.C., *La giustizia degli invisivili,* cit., p. 54.

[109] Kant, I. (1793), *Teoría y Práctica,* trad. R. Rodríguez Aramayo, Tecnos, Madrid, 2006, p. 34.

[110] Peces-Barba, G., *La dignidad de la persona desde la Filosofía del derecho,* cit., p. 65.

que no constituyen condiciones descriptivas de la condición humana, a pesar de que a veces se presentan como tales. Por otro lado, esta estipulación que se presenta como universalista, se realiza desde una experiencia particular y concreta. Y, finalmente, la concepción que en mayor medida se ha trasladado al Derecho es la que Peces-Barba atribuye a Kant[111], y no tanto la humanista. De esta forma, "capacidad, autonomía, independencia y responsabilidad se convierten en referentes esenciales de la reflexión ética desde la que se construye la idea de ser humano y por consiguiente la dignidad humana"[112], con lo que el resultado, como se ha mencionado a partir de la crítica de Baxi al modelo moderno, ha sido que en los sistemas de protección la titularidad de los derechos se ha atribuido a quienes en cada momento han sido considerados autónomos.

Que el modo en el que operan estos requisitos ha resultado excluyente, se ha puesto de manifiesto a lo largo de la historia en torno a las reivindicaciones de inclusión –personas asalariadas, mujeres, afrodescedientes–, pero resulta claro a partir de la reivindicación de los derechos de los niños y de las niñas y de las personas con discapacidad, y precisamente es el aspecto en el que se manifiesta el nuevo paradigma introducido en el Derecho internacional de los derechos humanos por la Convención Internacional sobre los Derechos de las Personas con Discapacidad[113].

Sin embargo, detrás de todas y cada una de las revisiones de la idea de condición humana que se han realizado en torno a los sucesivos movimientos a favor de la extensión de los derechos, siempre se ha mantenido como presupuesto que las personas afectadas por la exclusión hayan demostrado su independencia. En este sentido, Kittay cuestiona que se haya producido una verdadera revisión de lo que se entiende por dignidad, en concreto, en la interpretación de la autora, las personas con discapacidad, igual que las mujeres, trabajadoras o afrodescendientes, han sido incluidas porque han conseguido demostrar que si se eliminan las barreras pueden tener acceso a esos rasgos característicos de la humanidad en la reflexión moderna:

---

111 Así por ejemplo Carlos Santiago Nino, en un perspectiva kantiana, resume los rasgos de la personalidad moral en cinco aspectos: 1) Las personas morales están constituidas por su capacidad de elegir fines e intereses y de formular deseos así como de revisarlos y abandonarlos; 2) la persona y su capacidad de elección es previa a lo elegido; 3) la persona es responsable de sus elecciones; 4) "las personas morales están también separadas entre sí", lo que significa "que tienen sistemas separados de fines e intereses y que son centros independientes de elecciones y decisiones"; y 5) "si algo es una persona moral nada que esté compuesto por ella o esté construido a partir de ella puede ser también persona moral", por lo que en particular "las personas colectivas no son personas morales". Nino, C.S., *Ética y derechos humanos. Un ensayo de fundamentación,* Barcelona, Ariel, 1989, p. 172.

112 Asís Roig, R. de, *Sobre discapacidad y derechos,* Dykinson, Madrid, 2013, p. 38.

113 Cuenca Gómez, P., "Sobre la inclusión de la discapacidad en la teoría de los derechos humanos", en *Revista del Centro de Estudios Políticos,* nº 158, 2012, pp. 103-137.

> "Si la igual dignidad es debida a todos los seres humanos en virtud de su capacidad de crearse a sí mismos, como Pico de la Mirándola sostuvo, o en virtud de su capacidad de comportarse como agentes morales autónomos, como argumentó Kant, o como miembros auto respetables de una sociedad caracterizada por principios justos de cooperación social equitativa, como haría Rawls, las personas con discapacidad han demostrado tener título pleno a tal dignidad"[114].

A pesar de ello, también recuerda la autora que existen seres humanos en relación con las cuáles, no importa cuántos recursos se implementen, nunca podrán desarrollar algunos de los rasgos que en la modernidad definen la condición humana. Si a pesar de todo se considera que esas personas son seres humanos, la concepción moderna de la dignidad debe ser revisada. Y precisamente en torno a la construcción del modelo contemporáneo se presentan distintas respuestas de revisión, algunas de las cuáles recoge Kittay: la vinculación de la dignidad humana a la especie, o a la potencialidad para desarrollar las capacidades a las que se asocia la dignidad, o al haber estado en posesión de esas capacidades, o, como en su propia propuesta, en las relaciones de cuidado que se establecen con otros seres humanos, que, señala "exhibe una capacidad moral tan característicamente humana y tan merecedora de dignidad humana como la autonomía moral, la auto creación o la capacidad para establecer contratos de cooperación recíproca"[115].

La reflexión que la autora citada lleva a cabo en torno a la importancia de los cuidados en la identificación de lo que hace valiosos a los seres humanos, nos sitúa frente a otro de los elementos sobre los que la concepción moderna articula la idea de condición humana, se trata de la razón, que opera como condición para atribuir valor a los seres humanos, y tiende a representarse como fuente última de la moral.

4.2. Razón descarnada y condición humana. De la razón monológica al yo pensante como titular de derechos

Las exclusiones en el modelo moderno no sólo arrancan del modo en el que se definen los rasgos de la humanidad, también guardan relación con el papel

---

[114] Kittay, E.F., "Equality, Dignity and Disability", in Lyons, M. and Waldron, E. (ed.) *Perspectives on Equality: The Second Seamus Heaney Lectures,* The Liffey Press, Dublin, 2005, pp. 93-119, p. 98.

[115] Kittay, E.F., "Equality, Dignity and Disability", cit., p. 112. El cuidado, en opinión de Kittay, confiere dignidad tanto a quien cuida como a quien es cuidado. Ver la crítica a esta posición en Cuenca Gómez, P., "Sobre la inclusión de la discapacidad en la teoría de los derechos humanos", cit., p. 123.

atribuido a la razón como origen de la ley moral. Efectivamente, la razón es el elemento que en la concepción kantiana permite justificar la estructura *a priori* del conocimiento, y en este sentido desempeña un papel fundamental en el sistema de Kant. Este punto de partida, como veremos, se traduce en el carácter abstracto con el que se articulan los derechos, pero, además, la idea puede ser objeto de dos interpretaciones diversas. Por un lado, es posible entender que la razón tiene un papel fundante, y, por otro, que la razón no funda, sino que legitima el *a priori*[116]. En este momento interesa mencionar cómo estas dos interpretaciones de Kant pueden situarse en la base del modelo moderno tradicional y del modelo contemporáneo de derechos, respectivamente. Así pues, es posible interpretar a Kant a partir de la idea de que la razón práctica se subordina a la teórica y tiene un carácter monológico, en cuyo caso, señala Pievatolo "el problema de la identificación del sujeto moral podría ser liquidado como subproducto de una visión del mundo todavía cartesiana e ingenierística" o una interpretación en la línea de la que Hannah Arendt realiza a partir de la *Crítica del Juicio*, y a la que se hará referencia en la presentación de su modelo de condición humana [117]. Es la interpretación 'ingenierística' la que se traslada a las teorías modernas de los derechos.

En la construcción kantiana, la reflexión ética debe independizarse de la naturaleza humana, esto es, ser *a priori* para ser normativa. Así, señala Kant, el conocimiento racional puede ser material o formal. El conocimiento formal es la lógica, que se ocupa "de la forma del entendimiento y de las reglas universales del pensamiento en general, sin distinción de objetos"[118]. Por su parte, el conocimiento material se refiere a objetos determinados y a sus leyes; en la medida en que las leyes son de dos tipos –naturales y de la libertad– también existen dos tipos de ciencia, la física o teoría de la naturaleza, y la ética, o teo-

---

[116] Pievatolo, M. C. *La giustizia degli invisivili...*, cit. p. 24. La autora defiende la idea de que en Kant el papel de la razón es el de legitimar, actúa como un 'tribunal' que evalúa la legitimidad de premisas contrapuestas, situándose entre el racionalismo y el empirismo (p. 25). La razón no es creadora, su objeto no es la realidad del conocimiento, sino legitimadora, hace posible el conocimiento, con lo que "la razón crítica de Kant es muy diferente de la razón-realidad idealista. Ciertamente, la totalidad, la unidad y la naturaleza sistemática del saber se encuentran entre sus sus aspiraciones, pero la empresa crítica sólo es posible en el marco de un trabajo terminado. El mismo hecho de que se propone la tarea crítica de determinar cuáles son las áreas de validez del conocimiento implica que la razón no es un cuerpo de conocimiento absoluto", p. 27. Y en el mismo sentido es interpretado por O'Neill, O., "Autonomy, Plurality and Public Reason", cit.

[117] Pievatolo, M.C., *La giustizia degli invisivili...*, cit., p. 43. La autora, por otra parte, critica esa segunda interpretación y propone como alternativa la idea de la imposibilidad de representar el sujeto moral. Sin embargo, no se trata de posiciones contradictorias, conforme se verá.

[118] Kant, I., *Fundamentación de la Metafísica de las Costumbres,* trad. L. Martínez Velasco, 12 edición, Espasa, Madrid, 1996, p. 43.

ría de las costumbres. A diferencia de la lógica que no puede tener una parte empírica, el conocimiento material se refiere a la naturaleza y a la voluntad en tanto que es afectada por la naturaleza. Sin embargo, tanto la física como la ética tienen una parte empírica, pero también una parte racional o *a priori* que Kant denomina 'filosofía pura' (lógica, cuando es meramente formal, y metafísica cuando se limita a ciertos objetos del entendimiento). En el caso de la ética, la parte empírica es la 'antropología práctica' mientras la parte racional es la moral[119]. Kant defiende la necesidad de "una filosofía moral pura que esté completamente limpia de todo cuanto pueda ser empírico y pertenezca a la antropología", puesto que se trata de determinar leyes que determinen lo obligatorio, y "el fundamento de la obligatoriedad no debe buscarse en la naturaleza humana o en las circunstancias del universo que rodean al hombre, sino a *priori*, exclusivamente en conceptos de la razón pura"[120]. Frente al 'conocimiento racional común', que mezcla, la filosofía moral ha de ser pura y no mezclar principios puros con principios empíricos[121].

Tampoco es posible aceptar, según Kant, que la ley moral pueda ser determinada por un sentido distinto de la razón, que produjera insatisfacción ante el vicio y satisfacción ante la virtud, puesto que implicaría justificar la moralidad en sentimientos lo que "suprimiría completamente todo concepto de deber y colocaría en su lugar solamente un juego mecánico de inclinaciones más delicadas que a veces se pondrían en conflicto con las más groseras"[122].

Frente a la concepción premoderna, señala Taylor cómo la propuesta de la modernidad implica una noción de razón desvinculada que hoy en día adopta formas cientifistas y que se contrapone a la fundamentación teísta y a las visiones del expresivismo romántico[123] y, en este marco, "la noción desvinculada obviamente se apoya pesadamente en nuestra facultad de razón desvinculada. Ésta es la fuente que impulsa la austera ética de la libertad autorresponsable, la valiente ética de la creencia"[124].

Si hay un autor moderno en el que la idea de razón desvinculada cobra fuerza ese es Descartes, para quien la razón, separada de cualquier experiencia exterior, constituye la fuente del conocimiento[125]. Efectivamente, la desconexión entre la razón y la realidad se pone de manifiesto especialmente en la

---

[119] Kant, I., *Fundamentación de la Metafísica de las Costumbres,* cit., p. 44.

[120] Kant, I., *Fundamentación de la Metafísica de las Costumbres,* cit., p. 46.

[121] Kant, I., *Fundamentación de la Metafísica de las Costumbres,* cit., p. 47.

[122] Kant, I., *Critica de la Razón Práctica,* cit., p. 37.

[123] Taylor, Ch., *Las fuentes del yo,* cit., p. 670.

[124] Taylor, Ch., *Las fuentes del yo,* cit., p. 679, critica asimismo Taylor el intento de reconstruir la ética sin referencia al bien, al que achaca que haya acuerdo sobre los parámetros, pero desacuerdo sobre las fuentes de la moralidad.

[125] Taylor, Ch., *Las fuentes del yo,* cit., p. 214.

justificación del punto de partida de la construcción cartesiana, "pienso, luego soy", así, podemos leer,

> "Examiné después atentamente lo que yo era, y viendo que podía fingir que no tenía cuerpo alguno y que no había mundo ni lugar alguno en el que yo me encontrase, peor que no podía fingir por ello que no fuese, sino al contrario, por lo mismo que pensaba en dudar de la verdad de las otras cosas, se seguía muy cierta y evidentemente que yo era, mientras que, con sólo dejar de pensar, aunque todo lo demás que había imaginado fuese verdad, no tenía ya razón alguna para creer que yo era, conocí por ello que yo era una sustancia cuya esencia y naturaleza toda es pensar, y que no necesita para ser de lugar alguno, ni depende de cosa alguna material: de suerte que este yo, es decir, el alma por la cual yo soy lo que soy es enteramente distinta del cuerpo y hasta más fácil de conocer que este y aunque el cuerpo no fuese, el alma no dejaría de ser cuanto es" [126].

Pero esta desconexión no es, ni mucho menos, exclusiva de los planteamientos de Descartes, sino que pasa a ser un rasgo que caracteriza la condición humana en el modelo moderno, y que la representa como: un alma desencarnada (Descartes), o una capacidad puntual para autorrehacer (Locke) o un puro se racional (Kant)[127].

En la medida en que la razón, para serlo, ha de operar desvinculada de condicionantes externos, la imparcialidad pasa a constituir un aspecto del razonamiento. En el análisis de este ideal que realiza Young, la autora señala cómo la imparcialidad requiere la adopción de un punto de vista ajeno a las situaciones y acciones concretas, lo que implica negar o reprimir las diferencias de tres formas: negando la particularidad de las situaciones, dominando o negando la heterogeneidad en forma de sentimientos y reduciendo la pluralidad de sujetos morales a una única subjetividad. La imparcialidad se convierte en un aspecto de la concepción moderna de los derechos que se vincula con la universalidad, en la medida en que "se supone que la idea de razón imparcial representa un punto de vista que todos y cada uno de los sujetos racionales puede adoptar, precisamente desde de la abstracción de las particularidades situacionales que los individualizan"[128]. Con ello, el razonamiento moral adquiere un carácter monológico que está presente en las teorías desde las que se tratan de fundamentar los derechos. Incluso, señala la autora, se traslada a la propuesta de J. Rawls, a través del velo de la ignorancia. Más adelante tendremos ocasión de detenernos en la propuesta

---

126 Descartes, R. (1637), *Discurso del método,* trad. M. García Morente, Espasa, Madrid, 2010, p. 64.

127 Taylor, Ch., *Las fuentes del yo,* cit., p. 694.

128 Young, I.M, *Justice and the politics of difference,* cit., pp. 99 y 100.

de este autor, que se presenta como modelo de una versión actual de la condición humana en clave 'moderna tradicional'.

Este aspecto de la abstracción constituye un punto que el modelo contemporáneo deja de lado, en la medida en que sirve de plataforma al modelo tradicional para negar que la condición humana pueda explicarse desde la posibilidad de cada ser humano de tener conciencia de su existencia si no es a partir del reconocimiento por parte de los otros, en palabras de Arendt:

> "el hecho de que la apariencia siempre requiera espectadores y, por lo tanto, implique una identificación y un reconocimiento, al menos, potenciales, afecta profundamente a lo que nosotros, seres que aparecemos en mundo de fenómenos, entendemos por realidad, tanto la nuestra como la del mundo...nuestra certeza de lo que percibimos tiene una existencia independiente del acto de la percepción, depende enteramente del hecho de que el objeto también aparece como tal ante otros, que así lo reconocen. Sin este reconocimiento tácito por parte de los demás, no seríamos ni siquiera capaces de tener fe en la forma en que aparecemos ante nosotros mismos"[129].

Por otro lado, y en la medida en que en ese ideal la imparcialidad lleva a la representación de un sujeto abstracto como titular de derechos, aparentemente habrían de verse reducidas las diferencias entre los seres humanos, sin embargo, en los sistemas políticos la concepción ha implicado el establecimiento de jerarquías entre quienes cumplen con los rasgos pretendidamente descriptivos y neutros de la condición humana y quienes quedan fuera. En palabras de Young:

> "El razonamiento moral que persigue la imparcialidad intenta reducir la pluralidad de los sujetos morales y situaciones a una unidad demandando que el juicio moral esté desconectado, desapasionado y universal. Pero, como ya he sugerido, tal afán de totalidad falla necesariamente. Reducir las diferencias a la unidad significa ponerlas bajo una categoría universal, que requiere expulsar aquellos aspectos de las diferentes cosas que no encajan en la categoría. La diferencia por lo tanto se convierte en una oposición jerárquica entre lo que queda dentro y lo que

---

[129] Arendt, H., *La vida del espíritu. El pensar, la voluntad y el juicio en la filosofía y en la política*, trad. R. Montoro Romero y F. Vallespín Oña, Centro de Estudios Constitucionales, Madrid, 1984, p. 62. Este trabajo fue preparado por Mary MacCarthy y publicado de forma póstuma. De las tres partes con las que fue concebida la obra, Pensamiento, Voluntad y Juicio, que se corresponden en Arendt con 'las tres actividades básicas de la vida mental', había terminado las dos primeras, como puede verse en el "Postfacio a la Edición Inglesa" realizado para este trabajo por la editora (pp. 499-513 de la versión en español que se cita). El apéndice sobre el juicio contiene extractos de las clases que había impartido Arendt sobre el tema.

queda fuera de la categoría, valorando más lo que queda dentro que lo que queda fuera"[130].

La construcción permite justificar que a algunos seres se les niegue la posibilidad de razonamiento imparcial en la medida en que se presume que en su reflexión se guían por aspectos distintos de la mera razón. Este es el caso de las mujeres, que son las guardianas "de la afectividad, el deseo y el cuerpo"[131]. Y junto con las mujeres los trabajadores, los judíos, la gente señalada como no blanca (negros o 'indios' en Estados Unidos) que también eran excluidos de la ciudadanía puesto que "los aspectos corporales, sexuales, inciertos y desordenados de la existencia en estas imágenes culturales eran y son identificados con las mujeres, homosexuales, negros, indios, judíos y orientales"[132]. La imparcialidad opera asimismo un papel muy importante en relación con la dominación y la opresión, pues, en opinión de Young, en la imparcialidad se basa la idea del Estado neutral, pero permite presentar como punto de vista universal, el punto vista de los privilegiados.

La desconexión del pensamiento con la apariencia a la que ya se ha hecho referencia, puede considerarse un rasgo de la tradición moderna, también se ha apuntado, a veces más debido a Descartes que a Kant[133]. Esta desconexión no sólo aboca a un, en palabras de Arendt, "solipsismo, abierto o soterrado" que "con o sin cualificaciones, ha sido la falacia más persistente, y probablemente la más perniciosa de toda la historia de la filosofía, antes, incluso que, con Descartes, alcanzase un alto grado de cohesión teórica y existencial"; sino que además implica que el titular de los derechos que desde esta tradición se justifican no se corresponda con ningún ser humano y es que, continúa la autora,

> "cuando un filósofo habla del «hombre», no se refiere ni al representante de la especie ni a un mero paradigma de lo que, en opinión del filósofo, todos los hombres deberían intentar emular. Para el filósofo que se apoya en la experiencia del Yo pensante, el hombre no sólo es palabra, sino *pensamiento hecho carne*, la siempre misteriosa y nunca satisfactoriamente aclarada encarnación de la capacidad de pensar" [134].

La insistencia en el pensamiento como el reducto de lo humano implica, conforme se ha señalado, el aislamiento del ser humano, pero también, y estos

---

130 Young, I. M., *Justice and the politics of difference,* cit., p. 102.

131 Young, I. M., *Justice and the politics of difference,* cit., p. 109. Y la autora cita como autores en los que esta exclusión se pone de manifiesto a Rousseau y a Hegel.

132 Young, I.M., *Justice and the politics of difference,* cit., p. 109.

133 Esta es la interpretación de Pievatolo, M.C., *La giustizia degli invisibile,* cit., y Arendt, H., *Hannah Arendt's Lectures on Kant's Political Philosophy,* The University of Chicago Press, 1992.

134 Arendt, H., *La vida del espíritu…,* cit., p. 63.

son los aspectos que más me interesan, la desconexión con el mundo y la invisibilización de los seres humanos de carne y hueso.

La distinción de Kant entre razón e intelecto sirvió de detonante al idealismo alemán y abrió el camino al pensamiento especulativo, pero el planteamiento produce una absoluta desconexión entre la filosofía y el mundo, dado que el mundo por el que se mueve el yo pensante es inmaterial[135]

> "este pensamiento se convirtió en el dominio de una nueva raza de especialistas comprometidos con la idea de que el «dominio propio» de la filosofía es «el conocimiento efectivamente real de lo que verdaderamente es». Liberados por Kant del viejo dogmatismo académico y de sus estériles ejercicios, no sólo erigieron nuevos sistemas, sino una nueva «ciencia» …, borrando afanosamente la distinción de Kant entre la preocupación de la razón por lo incognoscible y la del intelecto por el conocimiento. Siguiendo el ideal cartesiano de la certidumbre, como si Kant nunca hubiera existido, creyeron sinceramente que los resultados de sus especulaciones tenían el mismo grado de validez que los resultados del proceso cognitivo"[136].

Por otro lado, la atribución de derechos tendió a realizarse tomando como punto de partida la representación del ser pensante, pero "el Yo pensante es pura actividad y, por lo tanto, no tiene edad, ni sexo, carece de cualidades y de biografía"[137], de modo que, los derechos se construyen desde la experiencia de quienes a sí mismos se consideran la encarnación del yo pensante. El resultado es que las experiencias y perspectivas particulares se sostienen como asunciones objetivas sobre la naturaleza humana o la psicología moral[138]. El análisis de esta construcción permite explicar el modo en el que las teorías de los derechos se han articulado de espaldas a la idea de que los seres humanos somos vulnerables.

En torno a esta cuestión, se ha producido una reivindicación de la ética del cuidado como modelo alternativo o complementario del racionalista. En este sentido, S. Benhabid critica los residuos de la razón desvinculada de la concepción moderna que están todavía presentes en las teorías contemporáneas. Esta persistencia lleva, en opinión de la autora, a extraer las cuestiones personales de la esfera de la justicia[139]. La cuestión guarda asimismo relación con la separación entre los espacios público, privado e íntimo; pero al mismo tiempo obedece a la vinculación de la perspectiva universalista con una concepción

---

135 Arendt, H., *La vida del espíritu…*, cit., p. 59.
136 Arendt, H., *La vida del espíritu…*, cit., p. 27.
137 Arendt, H., *La vida del espíritu…*, cit., p. 58.
138 Young, I.M., *Justice and the politics of difference,* cit., p. 114.
139 Benhabid, S., *El ser y el Otro en la ética contemporánea*, cit., p. 178.

que restringe la idea de moralidad. Benhabid, frente a ello, insiste en que hay cuestiones que a la vez son personales y morales[140].

La autora considera que quienes parten en este punto de la concepción moderna de la condición humana, incurren en una confusión entre la definición del dominio de la moral y las restricciones justificativas a las que han de estar sujetos los juicios, principios y máximas morales. El universalismo implica un compromiso con el igual valor y dignidad de todo ser humano, el reconocimiento de la dignidad del otro a través del respeto a sus necesidades, intereses y puntos de vista en nuestros debates morales concretos y un compromiso de aceptar como válidas normas intersubjetivas y reglas de acción generadas a través de discursos prácticos llevados a cabo con las restricciones establecidas, pero ello no implica que en las cuestiones personales no estén implicados problemas morales[141] y que queden, conforme al modelo tradicional, en el ámbito del altruismo. Por el contrario, Benhabid hace una defensa de las obligaciones de cuidado como obligaciones genuinamente morales que pertenecen "al centro y no a la periferia de la moralidad"[142]. Esta perspectiva se aleja de otro de los presupuestos del modelo, el individualismo posesivo.

4.3. Individuo contra sociedad y la libertad de los modernos

La caracterización del ser humano en relación con los otros se resume en el pensamiento de Kant en la idea de la insociable sociabilidad, con la que se refiere a que "su inclinación a vivir en sociedad sea inseparable de una hostilidad que amenaza constantemente con disolver esa sociedad"[143]. De este modo,

[140] "Incluso en las sociedades modernas muy racionalizadas, donde la mayoría de las personas somos asalariados y ciudadanos políticos, las cuestiones morales que nos preocupan y que nos tocan más profundamente derivan no de problemas de justicia en la economía y el sistema político, sino precisamente de la calidad de nuestras relaciones con los demás en las "esferas de afinidad, amor, amistad y sexo". Podemos lamentar la esterilidad de nuestras vidas políticas como ciudadanos y desear una vida cívica más vibrante y estimulante... Podemos oponernos fuertemente al hecho de que nuestros acuerdos económicos sean tan injustos e inmorales desde el punto de vista de la satisfacción de las necesidades básicas de millones de personas sobre la tierra, pero nada de esto resta validez al hecho de que las cuestiones morales que tocan más profundamente al ciudadano democrático como agente económico surgen en el dominio personal. ¿Cómo puede ser que Habermas y Kohlberg defiendan una posición tan antiintuitiva, contraria a la fenomenología de nuestra experiencia moral?". Benhabid, S., *El Ser y el Otro en la ética contemporánea,* cit., pp. 210-211. De este modo, el feminismo radical defiende que lo personal es político, pero Benhabid que lo personal es moral.

[141] Benhabid, S., *El Ser y el Otro en la ética contemporánea,* cit., p. 211.

[142] Benhabid, S., *El Ser y el Otro en la ética contemporánea,* cit., p. 212.

[143] Kant, I., "Ideas para una historia universal en clave cosmopolita", en *Ideas para una historia universal en clave cosmopolita y otros escritos sobre Filosofía de la Historia,* trad. C.

tanto la tendencia a la sociabilización, como al aislamiento forman parte de la condición humana y llevan al ser humano a vivir entre sus semejantes "a quienes no puede *soportar*, pero de los que tampoco es capaz de *prescindir*"[144]. En esa situación de tensión, se justifica el surgimiento de un "estado de coerción", en el que la libertad se someta a leyes externas. Pero para que la libertad siga existiendo en estas condiciones, es preciso que el gobierno sea representativo y que la constitución sea republicana (y no despótica), lo que implica su conformidad con la libertad de todos los miembros, la dependencia de todos de una legislación común y la igualdad de todos los súbditos (en cuanto ciudadanos)[145]. De este modo, el individuo, a pesar de todo, sigue siendo autónomo inserto en la sociedad:

> "tal y como los árboles logran en medio del bosque un bello y recto crecimiento, precisamente porque cada uno intenta privarle al otro del aire y el sol, obligándose mutuamente a buscar ambas cosas por encima de sí, en lugar de crecer atrofiados, torcidos y encorvados como aquellos que extienden caprichosamente sus ramas en libertad y apartados de los otros; de modo semejante, toda la cultura y el arte que adornan a la humanidad, así como el más bello orden social, son frutos de la insociabilidad, en virtud de la cual la humanidad se ve obligada a autodisciplinarse y a desarrollar plenamente los gérmenes de la Naturaleza gracias a tan imperioso arte"[146].

La insociable sociabilidad en Kant y en la concepción tradicional resulta comprensible en un esquema en el que el pensamiento es lo que caracteriza al ser humano en términos individualistas. Otros autores modernos insisten en mayor medida que Kant en el individualismo, que asocian al carácter naturalmente egoísta de los seres humanos, como el motor del contrato social.

El individualismo constituye un rasgo de la tradición moderna que aparece ya en la obra de Hobbes. Frente a lo que sucede en el modelo premoderno, es el interés y la voluntad de los seres humanos lo que da origen a la sociedad y a la organización política. En el esquema que resulta de este punto de partida, la libertad se hace depender de la capacidad y de la propiedad, y esta idea está muy presente en los sistemas de derechos[147].

A pesar de la aparente desconexión con la política a la que incita la concepción individualista de la filosofía y del pensamiento, la imagen del individuo

---

Roldán Panadero y R. Rodríguez Aramayo, 2ª edición, Tecnos, Madrid, 1994, pp. 3-24, p. 20.

144 Kant, I., "Ideas para una historia universal en clave cosmopolita", cit., p.20.

145 Kant, I., *Sobre la paz perpetua,* trad. Joaquín Abellán, Tecnos, Madrid, 1996, p. 15.

146 Kant, I., "Ideas para una historia universal en clave cosmopolita", cit., p. 23.

147 Macpherson, C.B., *La teoría política del individualismo posesivo,* cit., p. 15.

es la misma que se utiliza para caracterizar al agente económico, y ello tiene consecuencias de primer orden en el plano político, en la medida en que la política termina situándose al servicio de la economía[148].

Al respecto, Habermas en "Historia y crítica de la opinión pública", muestra cómo a lo largo de la Edad Moderna lo público se ha ido haciendo coincidir con el Estado, mientras la sociedad se independiza como un espacio distinto de lo público, pero que también va más allá de lo estrictamente doméstico, en la medida en que en ella se resuelven cuestiones de interés público. El desencadenante de esta situación lo constituyen en la propuesta de Habermas, la economía capitalista y las políticas mercantilistas. Así, muestra el autor como "la sociedad, contrapuesta al Estado, delimita, por un lado, un ámbito privado claramente distinguido del poder público". Pero también muestra como, "por otro lado, la reproducción de la vida rebasa los límites del poder doméstico privado, convirtiéndose en un asunto de interés público, de modo que la zona de continuado contacto administrativo se convierte en zona «crítica» también en el sentido de que reclama la crítica de un público raciocinante"[149].

En este contexto, la esfera de la privacidad pasa a ser la esfera de lo íntimo que, sin embargo, permanece dependiente del espacio social, pues es del mercado del que la familia obtiene los recursos. En palabras de Habermas,

> "aun cuando la esfera del círculo familiar no quiere sino verse independiente, desprendida de todo vínculo social, ámbito de la pura humanidad, está en una relación de dependencia con la esfera del trabajo y del tráfico mercantil"[150].

Por otro lado, la autoridad política carece de competencia sobre las relaciones económicas, en la medida en que los criterios de las decisiones en este ámbito se basan en la rentabilidad. Las leyes del mercado gozan de una racionalidad propia, "están provistas de la garantía ideológica del intercambio justo, y han de posibilitar en general, la superación de la coerción mediante la equidad"[151]. En coherencia con este presupuesto, se desarrolla la idea de que el espacio privado, o social en la terminología de Arendt, pasa a ser un espacio que se presupone neutro y exento de dominación sometido únicamente a las leyes del mercado.

---

[148] Arendt, H., *La condición humana,* cit., pp. 45 y 46.

[149] Habermas, J., *Historia y crítica de la opinión pública. La transformación estructural de la vida pública,* trad. A. Domènech en col. con R. Grasa, 2ª edición, Ed. Gustavo Gili, Barcelona, 1982, p. 63. El instrumento que se utiliza es la prensa.

[150] Habermas, *Historia y crítica de la opinión pública*, cit., p. 83.

[151] Habermas, *Historia y crítica de la opinión pública*, cit., p. 83.

La autonomía, por su parte, se basa en la propiedad, y esta concepción económica se traslada a la caracterización de la familia burguesa, que, afirma Habermas,

> "parece libremente fundada por individuos libres y parece mantenerse sin constricción alguna; parece basarse en la duradera comunidad amorosa de ambos cónyuges; parece depositaria del libre desarrollo de todas las capacidades que perfilan a la personalidad cultivada. Estos tres momentos: libertad volitiva, comunidad amorosa e instrucción, dan lugar a una idea de humanidad que se entiende como inherente a ella y que, ciertamente, le fija por vez primera, y de un modo absoluto, su posición: la emancipación –portadora aún del eco de las sentencias acerca de lo pura o meramente humano– de la intimidad del sujeto, regida y desplegada de acuerdo con sus propias leyes, respecto de finalidades y objetivos externos de cualquier clase"[152].

Pero la idea de que la familia surge de una decisión libre, no resulta coherente con el rol efectivo que se le atribuye en el sistema, y para cuyo éxito se exige que "la autonomía del propietario en el mercado y en el seno de la propia empresa" se sustente en "la dependencia de la mujer y de los niños respecto del padre de familia", con lo que la autonomía en el espacio social pasa a ser autoridad en la familia, y el contrato matrimonial se revela como una ficción[153]. No en vano, las mujeres fueron excluidas del contrato social[154].

Por lo que se refiere a la caracterización del espacio público, en la concepción moderna aparece gobernado por la ley que, para resolver la tensión entre la idea de libertad y la idea de coacción, ha de ser producto "del razocinio público de las personas privadas". La idea de derechos es consecuencia de esta construcción en la que se orientan a garantizar algunos elementos clave para la estabilidad:

> "las esferas de la publicidad y de la privacidad (con la esfera íntima como su núcleo central); las instituciones e instrumentos del público, por una parte (prensa, partidos), y la base de la autonomía privada (familia y propiedad), por otra; finalmente, las funciones de las personas privadas, sus funciones políticas como ciudadanos igual que sus funcio-

---

152 Habermas, J., *Historia y crítica de la opinión pública,* cit., p. 83.

153 Habermas, J., *Historia y crítica de la opinión pública,* cit., p. 83.

154 "La libertad de los varones y la sujeción de las mujeres se crea a través del contrato original, y el carácter de la libertad civil no se puede entender sin la mitad despreciada de la historia la cual revela cómo el derecho patriarcal de los hombres sobre las mujeres se establece a partir del contrato. La libertad civil no es universal, la libertad civil es un atributo masculino y depende del derecho patriarcal", Pateman, C., *El contrato sexual,* trad. M. Luisa Femenías, Anthropos, Barcelona, 1995, p. 11.

> nes económicas como poseedores de mercancías (y, como «hombres», la función de la comunicación individual, mediante el secreto de la correspondencia, por ejemplo)"[155].

El acceso a la vida pública está regido por el principio de la generalidad, de modo que "el público que se atribuye *el* papel de sujeto *del Estado* burgués de derecho *entiende, pues, también* su esfera como esfera pública en ese estricto sentido; el público anticipa en sus consideraciones la pertinencia de *todos los hombres"*. Sin embargo, operan dos criterios de admisión que realmente es uno sólo: la instrucción y la propiedad[156]. Se produce de este modo una identificación entre propietario y hombre, por un lado, y entre hombre y ciudadano por otro[157].

En consecuencia, la concepción de la ciudadanía que se deriva de esta visión moderna es restrictiva, a pesar de su pretendida universalidad. Como se ha visto en el apartado anterior, la racionalidad se hace depender de la imparcialidad y de la abstracción, con lo que se limita el ámbito de la política y se restringe la condición de ciudadano. La propuesta de John Rawls, que trata de mediar entre "la tradición vinculada a Locke, que concede mayor peso a lo que Constant llamó «libertades de los modernos» y la tradición vinculada a Rousseau, que da más importancia lo que Constant llamó «libertades de los antiguos»", puede presentarse como una versión elaborada del modelo moderno.

El objetivo de Rawls es encontrar el fundamento para normas e instituciones comunes en contextos marcados por la presencia de concepciones diversas, sin embargo, el artificio del contrato social sirve en la obra de este autor para 'burlar' la diversidad entre las distintas manifestaciones de la condición humana. La diferencia sólo es relevante en el modo en el que diseña su propuesta cuando se refiere a cuestiones culturales. De este modo, señala como rasgo de la cultura política contemporánea "una diversidad de doctrinas religiosas, filosóficas y morales encontradas e irreconciliables", algunas de las cuáles son perfectamente razonables y se conciben "como el resultado inevitable a largo plazo de las facultades de la razón humana desarrolladas en el marco de instituciones duraderas libres"[158].

Recordemos que según Rawls, los sujetos racionales situados en la posición original y cubiertos por el velo de la ignorancia, acordarán que la convivencia debe basarse en dos principios de justicia:

---

[155] Habermas, J., *Historia y crítica de la opinión pública,* cit., p. 118.

[156] Habermas, J., *Historia y crítica de la opinión pública,* cit., p. 121. Además, el autor recuerda que "el censo, que regula la admisión en la publicidad políticamente activa, puede, por tanto, ir de consuno con el censo fiscal: ya la Revolución francesa toma a éste como medida de la diferencia entre ciudadanos activos y pasivos".

[157] Habermas, J., *Historia y crítica de la opinión pública,* cit., pp. 120-121.

[158] Rawls, J., *El liberalismo político,* trad. A. Domènech, Crítica, Barcelona, 2004, p.33.

"a) Todas las personas son iguales en punto a exigir un esquema adecuado de derechos y libertades básicos iguales, esquema que es compatible con el mismo esquema para todos; y en ese esquema se garantiza su valor equitativo a las libertades políticas iguales, y sólo a estas libertades.

b) Las desigualdades sociales y económicas tienen que satisfacer dos condiciones: primero, deben andar vinculadas a posiciones y cargos abiertos a todos en condiciones de igualdad equitativa de oportunidades; y segundo, deben promover el mayor beneficio para los miembros menos aventajados de la sociedad"[159].

Conviene hacer notar, en la descripción del planteamiento de Rawls, que quienes intervienen en esta discusión no incorporan la referencia a planes de vida individuales, porque están interesados en llegar a un acuerdo que en otro caso sería imposible teniendo en cuenta el carácter plural de las sociedades contemporáneas. De este modo, sólo es posible el debate sobre bienes primarios, esto es, sobre aquellos que requiere la realización de cualquier plan de vida. Esta restricción, permite dejar fuera del ámbito de lo político y, por tanto, también del ámbito de lo jurídico, las cuestiones relativas a opciones morales.

Así pues, quienes intervienen en la deliberación son seres racionales que dejan fuera las concepciones individuales del bien y que están cubiertos por el velo de la ignorancia. Con este artificio, Rawls recupera el papel del ser humano abstracto. Únicamente las diferencias sociales y económicas pueden ser relevantes en la medida en que afecten a la satisfacción de necesidades básicas de los ciudadanos hasta el punto de que "estos no comprendieran lo que significa y fueran capaces de ejercer fructíferamente esos derechos y libertades"[160].

Rawls atribuye a las personas dos facultades morales (la capacidad para un sentido de la justicia y para una concepción del bien) y facultades de la razón (de juicio, de pensamiento, y las inferencias vinculadas con estas facultades), y son estas facultades las que convierten a las personas en libres y las que se requieren para ser consideradas iguales y, por tanto, formar parte como 'miembros plenamente cooperantes de la sociedad'[161]. De nuevo, existe una definición previa de la condición humana que potencialmente deja fuera a un número importante de seres humanos. En esta formulación reaparece el presupuesto de la autonomía que acompaña desde sus orígenes a la concepción tradicional de los derechos[162].

---

159 Rawls, J., *El liberalismo político,* cit., p. 35.

160 Rawls, J., *El liberalismo político,* cit., p. 37.

161 Rawls, J., *El liberalismo político,* cit., p. 49.

162 Si bien Rawls diferencia entre autonomía plena y autonomía política, "esta autonomía plena de la vida política ha de distinguirse de los valores éticos de la autonomía y la individualidad, que pueden abarcar a la vida entera, tanto social, cuanto individual, al modo como

El resultado, hasta ahora, es que las diferencias entre individuos no importan salvo que afecten a las facultades morales y a las facultades de razón, o tengan que ver con necesidades insatisfechas que impiden la comprensión y el ejercicio de los derechos y libertades. Sin embargo, Rawls parte de la idea de persona que está 'implícita en la cultura política pública para dejar de lado a quienes no pueden ser miembros permanentes de la sociedad por razón de incapacidad y 'desórdenes mentales'[163]. De este modo, Rawls justifica la exclusión de las personas con discapacidad mental y psicosocial.

En toda su construcción Rawls condiciona la ciudadanía a las capacidades que hacen posible ser miembros plenamente cooperantes de la sociedad, de modo que afirma:

> "Aunque los ciudadanos no tienen capacidades iguales, sí tienen, al menos en el grado mínimo esencial, las capacidades morales, intelectuales y físicas que les permiten ser miembros plenamente cooperantes de la sociedad a lo largo de un ciclo vital completo"[164].

En el marco de la respuesta a las críticas de A. Sen admite la existencia de diferencias:

> "a) diferencias de capacidades y pericia morales e intelectuales; b) diferencia de capacidades y destrezas físicas, contando con los efectos de la enfermedad y los accidentes en las posibilidades naturales; c) diferencias en las concepciones del bien sostenidas por los ciudadanos (el hecho del pluralismo razonable); así como d) diferencias de gustos y de preferencias, aunque estas últimas son más superficiales"[165].

---

los expresan los liberalismos comprehensivos de Kant y Mill. La justicia como equidad hace hincapié en ese contraste: afirma la autonomía política para todos, pero deja a los ciudadanos por separado la decisión de ponderar la autonomía ética a la luz de sus respectivas doctrinas comprehensivas", *El liberalismo político,* cit., p. 109. Esta diferencia resulta irrelevante para la crítica que aquí se formula a Rawls en la medida en que coincide con Kant en que el requisito para la ciudadanía es la autocomprensión "primero, como facultad moral para formar, revisar y perseguir racionalmente una concepción del bien; segundo, como fuentes autoautentificatorias de exigencias válidas; y tercero, con capacidad para responsabilizarse de sus fines", esto es, elegir y responsabilizarse por la opción efectuada (p. 103).

163 Se apartan "incapacidades temporales, así como las incapacidades permanentes y los desórdenes mentales graves que impiden a la gente ser miembros cooperantes de la sociedad en el sentido usual. De modo, pues, que partiendo de una idea de la persona implícita en la cultura política pública, idealizamos y simplificamos esa idea de varias formas con objeto de concentrarnos primero en la cuestión principal", Rawls, J., *El liberalismo político,* cit., p. 51.

164 Rawls, J., *El liberalismo político,* cit., p. 217.

165 Rawls, J., *El liberalismo político,* cit., p. 217.

Las diferencias de capacidades y pericia morales e intelectuales no son equitativas, puesto que han de estar 'por encima de la línea' para plantear que afectan a la ciudadanía y se justifican desde el principio de la igual diferencia en tanto

> "se mantienen por las prácticas sociales que requieren cualificación para acceder a cargos y posiciones y para competir libremente en un trasfondo de equitativa igualdad oportunidades –incluida la equitativa igualdad de oportunidades educativas– y de regulación de las desigualdades de ingresos y riqueza por el principio de diferencia"[166].

Por su parte, y en relación con las diferencias que pueden estar relacionadas con la discapacidad, señala

> "en el caso b), las diferencias resultantes de enfermedades y accidentes (cuando contamos con ellos), que sitúan a algunos ciudadanos por debajo de la línea, pueden ser abordadas legislativamente cuando se conocen el predominio y los tipos de esas desgracias, pudiendo evaluarse y ponderarse los costos de su tratamiento en relación con el presupuesto estatal global. El objetivo es recuperar a la gente por medio del cuidado sanitario para que vuelvan a ser miembros plenamente cooperantes de la sociedad"[167].

Aquí se encierran dos cuestiones que hacen insatisfactoria la propuesta de Rawls desde el punto de vista de la valoración de la diversidad. La primera es que únicamente considera relevante la diferencia de capacidades que sitúa a los seres humanos 'por debajo de la línea' cuando son consecuencia de accidentes y enfermedades, y la segunda, que el objetivo de la intervención es 'rehabilitar' a las personas reconduciéndolas al estándar.

Las diferencias en las concepciones del bien plantean otro tipo de problemas, pero a propósito de las diferencias en cuanto a gustos y preferencias, señala Rawls que algunos pueden ser incapacitantes en relación con la posibi-

---

[166] Rawls, J., *El liberalismo político,* cit., p. 217 y p. 339, "partimos aquí del supuesto de que las facultades morales están realizadas en el grado mínimo requerido, y de que van de consuno, en cualquier momento dado con una determinada concepción del bien. Dados estos supuestos, las variaciones y las diferencias de dotaciones y habilidades naturales están subordinadas: no afectan al estatus de las personas en tanto que ciudadanos iguales, y sólo adquieren relevancia en la medida en que aspiremos a determinados cargos y posiciones, o pertenezcamos o deseemos adherirnos a determinadas asociaciones existentes en el seno de la sociedad".

[167] Rawls, J., *El liberalismo político,* cit., p. 218.

lidad de cooperar en la sociedad "esta situación se entenderá entonces como un caso médico o psiquiátrico que habrá de ser tratado como tal"[168].

Y en esta simplificación, la idea de la persona implica, en primer lugar, que los ciudadanos son libres y reconocen a los otros como libres; además, y como segunda cuestión, que son libres en la medida en que se ven legitimados para presentar exigencias a sus instituciones con vistas a la realización de sus propias concepciones del bien; y, en tercer lugar, que la libertad se corresponde con la capacidad para responsabilizarse de los propios objetivos.

En el primer sentido, la libertad de los ciudadanos implica que "su identidad pública como personas libres no se ve afectada por los cambios que temporalmente se sucedan en su determinación de una concepción particular del bien" de carácter político. También pueden existir identidades morales (no institucionales) y "los ciudadanos tienen que ajustar y reconciliar esos dos aspectos de su identidad moral". Este aspecto resulta confuso, puesto que, por un lado, se sitúa la representación abstracta, que se obtiene cuando se priva al ciudadano de su identidad moral y de su identidad política, pero si al ciudadano se le priva de identidad surge la duda a propósito de los criterios que permitirán justificar sus decisiones en la discusión institucional.

Por otro lado, Rawls parece trivializar el papel que para la identidad desempeñan las 'concepciones particulares del bien' de carácter político o no político, a pesar de que parece ser esta identidad moral la que permite que las personas se orienten, "pueden cambiar" sin que cambie la identidad personal, y, además "en una sociedad bien ordenada, apoyada en un consenso entrecruzado, los valores y los compromisos políticos (más generales) de los ciudadanos, que forman parte de su identidad moral o no institucional, son aproximadamente los mismos"[169]. Y, con ello, de nuevo el sistema se basa en la homogeneidad que se alcanza presentando un modelo particular como representativo de lo general.

La idea de que los ciudadanos se conciben como libres implica, como se ha visto, que los ciudadanos "se ven a sí mismos con derecho a presentar exigencias a sus instituciones con ánimo de promover sus concepciones del bien (siempre que esas concepciones entren en el espectro permitido por la concepción política pública de la persona)"[170].

Su misma idea de la justicia como equidad supone "que la sociedad constituye un sistema equitativo de cooperación a lo largo del tiempo, desde una

---

[168] Rawls, J., *El liberalismo político,* cit., p. 218. Como puede apreciarse, el autor medicaliza la diversidad.

[169] Rawls, J., *El liberalismo político,* cit., p. 63.

[170] Rawls, J., *El liberalismo político,* cit., p. 63.

generación hasta la siguiente"[171] –el presupuesto es que se aplica a sociedades cerradas, por tanto "sus miembros entran en ella por nacimiento y no la abandonan hasta la muerte"[172]–, y se trata de una concepción política (esto implica que tiene como objeto específico las instituciones políticas, sociales y económicas), constituyendo un punto de vista independiente (aun cuando se relaciones con alguna concepción moral general o comprehensiva) y cuyo "contenido está expresado en los términos de ciertas ideas fundamentales que se entienden implícitas en la cultura política pública de una sociedad democrática"[173]. Rawls considera que este es el modo en el que los ciudadanos se representan a sí mismos en una sociedad democrática, sin embargo, no todos los ciudadanos, sino, en todo caso, sólo los que compartan los presupuestos liberales pueden pensarse a sí mismos como portadores de una doble identidad. Una que no sería 'identidad', porque se corresponde con el ideal abstracto, y otra derivada de la concepción particular y cambiante del bien. Al parecer, el autor toma una única identidad como posible, la de la ciudadanía democrática, y trata de 'normalizar' el resto de las identidades. Al respecto, él mismo corrobora que esta representación de los ciudadanos presente en su obra se corresponde con una concepción política particular[174], merece la pena resaltar que esta concepción además va asociada a una cierta forma de representar la condición humana.

La capacidad de la ciudadanía de responsabilizarse de sus objetivos, que, señala Rawls, afecta al modo en el que se evalúan sus exigencias, implica que

> "dadas unas instituciones-marco justas y dado un índice equitativo de bienes primarios para cada persona (como requieren los principios de justicia), se considera a los ciudadanos capaces de ajustar sus objetivos y aspiraciones a la luz de lo que razonablemente pueden esperar. Además, se entiende que los ciudadanos son capaces de restringir sus exigencias en asuntos de justicia a los tipos de cosas que los principios de justicia permiten" [175].

Esta restricción presenta una imagen conservadora del contrato social, pero, además, nuevamente presupone una dualidad en la ciudadanía que difícilmente se corresponde con el modo en el que operan las identidades, salvo para quienes son liberales. En este sentido, Rawls dice considerar los puntos de vista globales de los ciudadanos divididos en dos partes, una concepción política de la justicia públicamente reconocida, y una doctrina comprehensiva

---

171 Rawls, J., *El liberalismo político,* cit., p. 45.
172 Rawls, J., *El liberalismo político,* cit., p. 42.
173 Rawls, J., *El liberalismo político,* cit., p. 43.
174 Rawls, J., *El liberalismo político,* cit., p. 64.
175 Rawls, J., *El liberalismo político,* cit., p. 64.

con la que la concepción política se relaciona de alguna forma[176]. Por otro lado, en la idea de responsabilidad una vez más está presente la posibilidad de justificar exclusiones, en la medida en que para el autor "las unidades de responsabilidad en la vida política y social" son 'normalmente' los agentes racionales (con fines propios) y razonables (con sentido de la justicia y capaces de reconocer la validez independiente de las exigencias ajenas)[177].

Incluso el pluralismo que se valora es el 'pluralismo razonable' y no el pluralismo como tal

> "no se trata solamente de que las instituciones libres tienden a generar la gran variedad de doctrinas y de puntos de vista previsibles dados los varios intereses de la gente y dada su tendencia a concentrarse en puntos de vista restrictos. Se trata más bien del hecho de que, entre los puntos de vista que se desarrollan, hay una variedad de doctrinas comprehensivas razonables. Estas son las doctrinas que abrazan los ciudadanos razonables y a las que tiene que dirigirse el liberalismo político. No son simplemente el producto de intereses individuales o de clase, o de la muy comprensible tendencia se la gente a concebir el mundo político desde una perspectiva limitada, sino que son, en parte, el resultado del trabajo de la razón práctica en el marco de las instituciones libres. Así pues, aunque las doctrinas históricas no son, obvio es decirlo, mero resultado del trabajo de la razón libre, el hecho del pluralismo razonable no es una desafortunada condición de la vida humana. Al armar la concepción política de tal modo que, en el segundo estadio, pueda atraerse el apoyo de las doctrinas comprensivas razonables, no estamos ajustando esa concepción tanto a las fuerzas brutas del mundo, cuanto al resultado inevitable de la razón humana"[178].

Es posible afirmar que el autor incurre en un razonamiento circular, de modo que participan en la definición de los principios y como miembros de la sociedad quienes tienen concepciones razonables, y que se trate de una concepción razonable depende de que sea coherente con los principios. Con esta construcción, no sólo está limitando qué perfil se considera el adecuado para participar, sino que está limitando también los temas posibles mediante una definición *a priori* de lo político:

> "puesto que no hay una doctrina religiosa, filosófica o moral razonable compartida por todos los ciudadanos, la concepción de la justicia compartida por una sociedad democrática bien ordenada tiene que ser una

176 Rawls, J., *El liberalismo político,* cit., p. 69.
177 Rawls, J., *El liberalismo político,* cit., pp. 81 y 83.
178 Rawls, J., *El liberalismo político,* cit., p. 67.

concepción limitada a lo que llamaré «el domino de lo político» y a los valores de este"[179].

En tercer lugar, la teoría de Rawls no sólo resulta homogeneizadora y limitante con *respecto* a lo político, también puede representar un problema en relación con la fundamentación de un modelo contemporáneo de derechos por cuanto el vínculo social se basa en la cooperación. Y la cooperación, aun siendo considerada "un asunto distinto de la mera coordinación", puesto que "se orienta por reglas y procedimientos públicamente reconocidos, los cuales son aceptados por los cooperantes y concebidos por ellos como efectivamente reguladores de su conducta", también "requiere una noción de la ventaja racional, o del bien, para cada participante"[180]. De este modo, existe con carácter previo para cada uno de los miembros una idea de lo que cada uno desea conseguir. En este esquema, pues, no existen objetivos comunes, se trata de una sociedad sin solidaridad.

A propósito de la cuestión del vínculo social, resulta difícil de entender el modo en el que Rawls caracteriza 'una sociedad democrática bien ordenada' que no es ni como asociación ni como comunidad. No es como una asociación, señala Rawls, porque no se entra en ella, sino que se nace, y porque no se puede tratar de forma diferente a los miembros según el valor de su contribución a la sociedad o a los objetivos de los que ya son miembros; los únicos propósitos y valores de una sociedad democrática son políticos

> "se yerra al pensar en una sociedad democrática como en una asociación y al suponer que su razón pública incluye propósitos y valores no políticos. Eso es ignorar el papel prioritario y fundamental desempeñado por sus instituciones básicas a la hora de constituir un mundo social, sólo dentro del cual podemos llegar a ser, con cuidados, nutrición, educación y no poca fortuna, ciudadanos libres e iguales. El fundamento justo de ese mundo social viene dado por el contenido de la concepción política, de modo que, merced a la razón pública, todos los ciudadanos pueden entender su papel y compartir sus valores políticos del mismo modo"[181].

Los objetivos de la sociedad son los que resultan de la cooperación, y quienes nacen en el seno de una sociedad democrática pueden llegar a ser ciudadanos libres e iguales "con nutrición, educación y fortuna".

---

179 Rawls, J., *El liberalismo político,* cit., p. 69.
180 Rawls, J., *El liberalismo político,* cit., p. 46.
181 Rawls, J., *El liberalismo político,* cit., p. 73.

Sin embargo, una sociedad democrática no constituye una comunidad, puesto que no está gobernada por una doctrina comprensiva. Más allá de esto surge la cuestión de si esta caracterización de la sociedad democrática excluye, como parece desprenderse de los textos de Rawls, la posibilidad de objetivos comunes, de modo que la cooperación social se realiza sobre la base de objetivos concurrentes. Parece que la respuesta a esta cuestión ha de ser afirmativa, en la medida en que, afirma Rawls, "la naturaleza de la unidad social viene dada por un consenso entrecruzado estable entre doctrinas comprensivas razonables"[182].

La idea de libertad en Rawls se acomoda al modelo que Berlin caracteriza como libertad negativa. Como es sabido, el autor identifica dos tradiciones de pensamiento que se definen por el papel atribuido a la libertad en relación con la organización política, la tradición de la libertad positiva, en la que sitúa a Rousseau, y la concepción de la libertad negativa. Según I. Berlin, la libertad positiva puede entenderse como "la eliminación de los obstáculos que se oponen a mi voluntad, cualesquiera que sean estos obstáculos: la resistencia de la naturaleza, de mis pasiones no dominadas, de las instituciones irracionales o de las opuestas voluntades o conductas de los demás"[183]. La concepción de la libertad de J.J. Rousseau es situada en este modelo[184].

La libertad negativa implica "que otros hombres no me impidan decidir como quiera"[185]. En el modelo tradicional la idea de libertad se aproxima a la libertad negativa, en la medida en que este concepto supone la existencia de una tensión entre el individuo y la colectividad, conforme se ha visto que la condición humana resulta caracterizada en el modelo. La tensión se resuelve mediante el establecimiento de ámbitos de soberanía del individuo en los que se le protege de interferencias. El ámbito de libertad es, por lo tanto, aquel en el que cada sujeto tiene la oportunidad de actuar sin que otros sujetos puedan

---

182 Rawls, J., *El liberalismo político,* cit., p. 74.

183 Berlin, I.I., "Dos conceptos de libertad", en *Cuatro ensayos sobre la libertad*, traducción de J. Bayón, Alianza, Madrid, 1998, pp. 21-280, p. 249.

184 Efectivamente, Rousseau, J.J., *Del Contrato social,* trad. M. Armiño, Alianza, Madrid, 1998, p. 44, distingue claramente entre tres ideas de libertad: la libertad natural, la libertad civil y la libertad moral, en los siguientes términos, "reduzcamos todo este balance a términos fáciles de comparar. Lo que pierde el hombre por el contrato social es su libertad natural y un derecho ilimitado a todo cuanto le tienta y que puede alcanzar; lo que gana es la libertad civil y la propiedad de todo cuanto posee. Para no engañarnos en estas compensaciones, hay que distinguir bien la libertad natural que no tiene límites más que las fuerzas del individuo, de la libertad civil, que está limita por la voluntad general, y la posesión, que no es más que el efecto de la fuerza o el derecho del primer ocupante, de la propiedad que no puede fundarse sino sobre un título positivo. Según lo precedente, podría añadirse a la adquisición del estado civil la libertad moral, la única que hace al hombre auténticamente dueño de sí; porque el impulso del simple apetito es esclavitud, y la obediencia a la ley que uno se ha prescrito es libertad."

185 Berlin, I., "Dos conceptos de libertad", cit., p. 232.

oponerle obstáculos. No es que la idea de libertad positiva no se encuentre, es el caso de Rousseau o de Kant, en la tradición moderna, sin embargo, no ha sido la que ha predominado, de modo que la participación política no se justifica de forma central desde el punto de vista de la libertad[186].

Como quiera que fuere, veremos que para la fundamentación de un modelo contemporáneo de derechos, resultará interesante una lectura posible del trabajo de Arendt que puede pasar por entenderlo como una recuperación de los elementos republicanos en la tradición moderna, precisamente esos elementos que se deterioran con el auge de la concepción de Hobbes. En este sentido, señala Vallespín "la solución arendtiana representa el modelo antagónico del hobbesiano" en el que el Estado es un 'constructo racional' con fines utilitarios, el contrato social no responde a un proceso previo de deliberación, sino que

> "constituye más bien la decisión última de estrictos preferidores racionales guiados exclusivamente por su propio interés, no guiados por un fin colectivo. Su fin último no es otro que la posibilidad de asegurarse su libertad negativa, su capacidad de desplegar la mera reproducción de su vida en el mundo privado; lo público queda reducido, así, a convertirse en la sede de la gestión de la violencia"[187].

Como ha podido verse, una de las claves para entender cómo esta concepción 'tradicional' consigue articular la defensa de la igualdad con la exclusión de la inmensa mayoría de los seres humanos de la titularidad o del ejercicio de algunos o de todos los derechos, se encuentra en el modo en el que integra la autonomía y, en relación con ella, la independencia (capacidad de autodeterminación) y la autosuficiencia (suficiencia económica y material)[188].

Aceptar que la titularidad de los derechos en el plano ético está condicionada a la agencia moral, implica negárselos a aquellos seres humanos que no son

---

[186] "El sentido «positivo» de la libertad sale a relucir, no si intentamos responder a la pregunta «qué soy libre de hacer o de ser», sino si intentamos responder a «por quién estoy gobernado» o «quién tiene que decir lo que yo tengo y lo que no tengo que ser o hacer». La conexión que hay entre la democracia y la libertad individual es mucho más débil que lo que les parece a muchos defensores de ambas. El deseo de ser gobernado por mí mismo o, en todo caso, de participar en el proceso por el que ha de ser controlada mi vida, puede ser tan profundo como el deseo de un ámbito libre de acción y, quizá, históricamente, más antiguo. Pero no es el deseo de la misma cosa", Berlin, I., "Dos conceptos de libertad", ob. cit., pp. 230-231.

[187] Vallespín, F., "Hannah Arendt y el Republicanismo", en Cruz, M., *El siglo de Hannah Arendt,* cit., pp. 132-133.

[188] Fineman, M., *The Autonomy Myth. A Theory of Dependency,* The New York Press, New York, 2004, muestra cómo se trata de conceptos que suelen presentarse de modo conjunto de forma que la autonomía (libertad), se demuestra en la independencia (autodeterminación o confianza) y resulta en autosuficiencia (suficiencia financiera o material).

capaces de elegir y de responsabilizarse de la opción efectuada. La traslación al Derecho de esta idea se realiza a través de la distinción que existe en numerosos sistemas del *civil law* entre capacidad jurídica y capacidad de obrar. En todo caso, se establece una clasificación que permite diferenciar entre los seres humanos considerados autónomos y el resto, los considerados dependientes. Entre unos y otros existe una diferencia relevante que justifica que no todos formen parte de la clase ciudadanos.

Por otro lado, los derechos se orientan a salvaguardar la dignidad del sujeto abstracto, con lo que las circunstancias concretas en las que de hecho nos desarrollamos los seres humanos no se consideran, y la presencia de grandes diferencias en cuanto a las condiciones materiales no se percibe como contraria a la igualdad que, conforme se ha dicho, es únicamente formal.

Efectivamente, en la concepción tradicional, el individualismo que caracteriza las teorías de la justicia basadas en derechos lleva a atribuirlos únicamente al agente moral, que se concibe desde la idea del sujeto descontextualizado, para cuyo desarrollo la interferencia del Estado y de terceros se representa como un mal a veces necesario.

El resultado de esta reflexión es que sólo son derechos humanos aquellos que pueden revelarse como útiles frente a las amenazas a la libertad que pueda sufrir cualquier ser humano con independencia del contexto. Puesto que no existe el ser humano abstracto, la imagen ideal se hace coincidir con la del hombre, blanco, económica y socio-físicamente independiente, y esta circunstancia explica tanto el tipo de derechos que se reconocen (individuales y civiles) como que se considere que las obligaciones adecuadas para satisfacerlos son fundamentalmente de abstención. De este modo, los derechos se orientan a construir en torno al titular una barrera que lo proteja frente a intromisiones de terceros y, fundamentalmente, del propio Estado.

Y esta forma de ver su papel guarda relación con la idea de que el Estado es un mal necesario frente a los derechos humanos que, por otro lado, constituyen triunfos del interés individual sobre el particular. Asimismo, la construcción se basa en la separación entre el espacio público, que es el espacio de la política, y el espacio privado[189]. El agente moral se desenvuelve en el espacio público, el resto queda confinado en los espacios privados[190].

En este esquema, la posición social que ocupa cada individuo se explica como la consecuencia del ejercicio de su libertad de elección. Existen, sin embargo, excepciones, que obedecen a que algunos seres humanos son, por natu-

[189] Se hace alusión también al espacio de lo íntimo. Garzón Valdés, E., "Lo íntimo, lo privado y lo público". En *Claves de Razón Práctica,* nº 137, 2003, pp. 14-24.

[190] Young, I. M., *Justice and the Politics of Difference*, cit., pp. 110-111.

raleza, no independientes o autosuficientes y, por tanto, resultan dependientes. La dependencia producida por circunstancias naturales (como la edad, o, en algunos casos la discapacidad o el sexo) afecta a la autodeterminación, implica la negación de la autonomía y, por tanto, de la titularidad plena de los derechos. En estos casos, la atención de las personas en situación de dependencia es responsabilidad del sujeto independiente y autosuficiente que se sitúa al frente de la familia, y el modo en el que esta responsabilidad se haga efectiva es una cuestión privada.

Sin embargo, la dependencia a veces no es natural, sino económica. Hay sujetos que naturalmente no pueden ser considerados dependientes, con lo que pueden seguir siendo representados como capaces de autodeterminación, pero carecen de recursos para satisfacer sus necesidades, por lo que tampoco son autosuficientes. En estos casos, la dependencia se considera producida por sus decisiones libremente adoptadas y, por tanto, es su exclusiva responsabilidad. Como se ha apuntado, la idea que se maneja es que la posición económica es el resultado del mérito individual, desconsiderando el papel que instituciones –como la herencia–, el contexto social o la suerte desempeñan.

El resultado de esta construcción es que el sujeto considerado autónomo, por ser independiente y autosuficiente, es protegido por los derechos de las intromisiones del Estado y de terceros[191], pero los sujetos que no son autónomos, porque no son independientes o han sido llevados a depender de otros por sus decisiones, aparecen desprovistos de esta protección.

El juego de la autonomía, así entendida, con la igualdad formal provoca, como se ha señalado, que sólo algunos seres humanos durante algunos momentos de su vida vean salvaguardada su dignidad por los derechos, lo que resulta contradictorio con la proclamada universalidad. Con lo anterior, para mantener que una teoría de la justicia basada en derechos sigue siendo adecuada para justificar y valorar nuestras instituciones, es necesario proceder a la revisión de esta teoría tradicional y plantear, frente a la limitación de la titularidad de los derechos, la idea de que las capacidades se adquieren progresivamente y son graduables, con lo que la autonomía no puede ser el presupuesto, sino el objetivo de la atribución de derechos. Además, en cuanto a los contenidos, es preciso recordar que el sujeto abstracto no coincide con ningún

[191] Fineman, M., *The Autonomy Myth,* cit., p. 9. "la autonomía connota, a nivel ideológico, que un individuo que se ajusta a las nociones dominantes de independencia y autosuficiencia es, a la vez, liberado de la perspectiva de la acción gubernamental regulatoria y liberado, a través de estructuras gubernamentales, de la interferencia de otros actores privados. La libertad a través del gobierno es la base de la no intervención establecida en términos positivos –el derecho a ser dejado solo es también la garantía de la privacidad–. Estableciendo y ateniéndose a una norma de no intervención y regulación para aquellos individuos considerados auto suficientes, el Estado garantiza su autonomía".

ser humano real, por lo que para que los derechos sean universales, habrán de constituir herramientas adecuadas frente a cualquier situación de instrumentalización.

Por otro lado, y frente a la idea de que con los derechos se trata de construir espacios de no interferencias frente, fundamentalmente, al Estado, es necesario pensar que los seres humanos sólo se realizan mediante interferencias con otros sujetos. De este modo, si se impiden las interferencias, se dificulta la socialización. Además, en los espacios protegidos también se producen desequilibrios de poder que pueden desencadenar agresiones para la dignidad de los menos poderosos.

El objetivo de los derechos no puede ser, por tanto, la no interferencia, sino, en todo caso, la autonomía. Y la autonomía orienta la acción del Estado en dos sentidos. Por un lado, en el sentido tradicional del respeto, lo que implica reconocer las decisiones que las personas (todas las personas) adoptan sobre sí mismas; por otro lado, asume un sentido promocional y justifica que se sitúe a las personas en condiciones de controlar su propia vida[192].

---

[192] Asís Roig, R. de y Barranco Avilés, M. C., "El derecho a la promoción de la autonomía personal y atención a las personas en situación de dependencia", en Barranco Avilés, M. C. (Coord.), *Situaciones de dependencia, discapacidad y derechos,* Dykinson, Madrid, 2011, pp. 107-132, p. 110 y ss.

5.
LA REVISIÓN DEL MODELO Y LA CONCEPCIÓN CONTEMPORÁNEA DE LOS DERECHOS

Como hemos tenido ocasión de comprobar, los elementos desde los que se caracteriza la condición humana en el modelo moderno tradicional han sido cuestionados desde distintos puntos de vista, muchos de los cuáles se dirigen frente a su carácter excluyente. En este punto, las teorías feministas han apuntado el inicio de una buena parte de las críticas hacia la concepción tradicional de los derechos y, en esta medida, han desempeñado un papel protagonista en la construcción de un modelo contemporáneo de derechos[193]. No obstante, el punto de partida para encontrar los presupuestos filosóficos desde los que dar forma al modelo contemporáneo de derechos, que, ya se ha señalado, se considera incorporado por la Convención sobre los Derechos de las Personas con Discapacidad, no va a constituirlo una autora feminista, sino Hannah Arendt.

Con la construcción de un modelo en torno a Arendt, del mismo modo que en torno a Kant, no se está afirmando que todas y cada una de las implicaciones que el pensamiento de los autores tiene para una concepción de los derechos se encuentren ya desarrolladas en su obra. Por el contrario, el punto de partida es que existen elementos en las obras de estos autores que han dado, o pueden dar pie a reconstruir nuestra tradición de pensamiento en uno u otro sentido y, por tanto, a articular concepciones diferentes de los derechos.

En concreto, podría ser discutible ver en Arendt una autora sobre cuyo pensamiento se puede articular una concepción contemporánea de derechos humanos, si se realiza una interpretación antimoderna de su obra. No obstante,

---

[193] Ver Binion, G., "Human Rights a Feminist Perspective", *Human Rights Quarterly*, vol. 17, n. 3, 1995, pp. 509-526.

además de esta lectura desde la que Arendt aparece como crítica con la modernidad, se puede hacer otra desde la cual identificar algunos de los problemas que ha planteado la modernidad para la efectiva realización de los derechos, y esta lectura es la que aquí interesa. Y son precisamente las contradicciones existentes en el pensamiento de la autora las que la convierten en una referencia tan atractiva para desentrañar algunos de los presupuestos filosóficos que subyacen al modelo contemporáneo de derechos. Efectivamente, las tensiones presentes en el pensamiento de Arendt reflejan las tensiones el pensamiento moderno; como señala Benhabid, "la grandeza de la filosofía política de Hannah Arendt y de su continuada influencia contemporánea reside precisamente en las controvertidas distinciones que crea y en las tensiones que identifica en la tradición occidental de pensamiento político"[194].

Por otro lado, Hannah Arendt fue prácticamente ignorada hasta los años noventa, e interpretada "como una pensadora nostálgica, elitista y centrada en el modelo de la esfera pública representada por la polis ateniense"[195]. A partir de estas fechas es recuperada, poniéndose de manifiesto la utilidad de su análisis en relación con distintos fenómenos, en un momento en el que la crítica de Arendt que arranca de su posicionamiento sobre los momentos históricos que le tocaron vivir comenzaba a perfilarse como en ocasiones profética. Por poner un ejemplo, podemos pensar en el modo en el que se han desarrollado los acontecimientos en las relaciones entre poder político y el poder económico en el origen del imperialismo[196]. Además, se dice

> "Hannah Arendt siempre estará de vanguardia, porque ha conseguido asir conceptualmente, a veces con belleza poética inigualable, lo más escurridizo de los mortales o, mejor dicho, lo que constituye la humanidad de los seres humanos. Nadie como ella ha sabido captar en este siglo de totalitarismos y perversidades que el *lugar público,* paradójicamente lo más evanescente por irrepetible, determina nuestra humanidad...el mensaje de Arendt para las próximas generaciones no es otro que la posibilidad de fundar un poder en la horizontalidad de la igualdad humana. El éxito, sin embargo, de ese proceso de fundación es el respeto escrupuloso a la radical soledad que nos diferencia a los unos de

---

194 Benhabid, S., *El reluctante modernismo de Hanna Arendt. El diálogo con Martin Heidegger,* trad. Francisco Colom y Janis Taulor, Episteme, Valencia, 1996.

195 Sánchez, C., *Hannah Arendt. El espacio de la política,* Centro de Estudios Políticos y Constitucionales, Madrid, 2003, p. 3.

196 "El imperialismo nació cuando la clase dominante en la producción capitalista se alzó contra las limitaciones nacionales a su expansión económica. La burguesía recurrió a la política por necesidad económica; porque no deseaba renunciar al sistema capitalista, cuya ley inherente es el constante crecimiento económico, tuvo que imponer esta ley a los gobiernos nacionales y proclamar que la expansión era el objetivo político definitivo de la política exterior", Arendt, H., *Los orígenes del totalitarismo,* cit., p. 215.

> los otros, que no es sino otra forma de llamarle a la única libertad posible, la subjetiva...la democracia a la que aspira Arendt es únicamente para «solitarios solidarios» o no es democracia"[197].

Con estos presupuestos, trataré en lo sucesivo de mostrar de qué modo la lectura de Arendt permite encontrar argumentos para la revisión de los aspectos de la concepción moderna que han constituido un obstáculo para una caracterización incluyente de la humanidad.

5.1. El carácter complejo de los seres humanos

Hemos visto cómo la concepción moderna tradicional, reconstruida a partir de Kant, reduce la condición humana a la autonomía y a la racionalidad. Arendt alaba el papel de la autonomía en la concepción de Kant, a quien considera "el primer filósofo que desea comprender al Hombre de acuerdo con su propia ley y que libera al hombre del concepto universal de Ser, en el que el Hombre sería una cosa entre otras", sin embargo, rechaza la reducción del ser humano a mero razocinio.

Efectivamente, en opinión de la autora, el papel que en su construcción desempeña la autonomía, convierte a Kant en el "verdadero filósofo de la Revolución francesa", en la medida en que destruyó la antigua concepción del Ser. Efectivamente, señala Arendt, Kant es "el verdadero, aunque también clandestino, fundador de la nueva filosofía"[198] que destruyó la concepción antigua del Ser y la sustituyó por la autonomía "que él mismo llamó la dignidad del hombre"[199]. Sin embargo, en su opinión, Kant no destruyó "el concepto, igualmente viejo e íntimamente asociado, de Ser como lo dado, a cuyas leyes el Hombre está en todo caso sujeto"[200].

Hannah Arendt, por el contrario, reconstruye, también a partir de la lectura de Kant, una imagen compleja de lo que significa ser humano. En este sentido, la autora considera que Kant sometió a los seres humanos a un conjunto de dualismos y antagonismos derivados de la condición a la vez racional y material que les atribuye. Así pues

> "como cuerpos en el espacio y en el tiempo, ellos, como toda materia están sometidos a las leyes del movimiento de las ciencias naturales

---

[197] Maestre, A., "Prólogo" a Flores D'Arcais, *Hannah Arendt. Existencia y libertad,* Tecnos, Madrid, 1996, pp. 41-51, p. 9 y p. 11.

[198] Arendt, H., "What Is Existenz Philosophy?", *Partisan Review,* nº 13, vol. 1, 1946, pp. 34-56, pp. 38 y 39.

[199] Arendt, H., "What Is Existenz Philosophy?", cit., p. 40.

[200] Arendt, H., "What Is Existenz Philosophy?", cit., p. 40.

en formas que son oscuras e ininteligibles para ellos, por fuerzas de la naturaleza. Pero, también son criaturas de razón, que pueden determinar sus propias acciones sobre la base de principios que ellos mismos formulan. Los seres humanos son criaturas de libertad en la medida en que determinan sus acciones de acuerdo con principios generales que ellos mismos han articulado, sin embargo, como cuerpos materiales y como criaturas en el espacio y en el tiempo, están sujetos a las leyes de la naturaleza"[201].

En la interpretación de Benhabid, Arendt habría encontrado en Kant la idea de que los seres humanos no son sólo razón, sino que son parte de la naturaleza y, en esta medida, están condicionados. Y, efectivamente, Arendt insiste en que "la unidad de Ser y Pensamiento presupuso una pre-establecida coincidencia de esencia y existencia, esto es, todo lo pensable también existe y todo lo existente, porque es cognoscible, también debe ser racional"[202].

Sin embargo, la autora aprecia en Kant una devaluación el aspecto natural. Frente a esta predilección y, específicamente, frente a la 'Filosofía Moderna' que, por oposición Kant, tratara de "restablecer la unidad del pensar y el ser"[203], argumenta. En este sentido afirma que "lo que Kant no comprendió, cuando destruyó la vieja concepción del Ser, era que al mismo tiempo había puesto en cuestión la Realidad de todo más allá del individuo"[204], y esta es la idea que, según Arendt tiene como consecuencia que el hombre esté situado en medio de un mundo en el que no puede confiar ni en su razón, que no puede alcanzar el conocimiento del ser; ni en las ideas de su razón, cuya existencia no es probable; ni en lo universal, puesto que existe sólo como él mismo[205]. A partir de ese momento, lo existente se definirá por oposición a lo sólo pensado, del mismo modo que lo concreto se opone a lo abstracto y lo individual a lo universal, de modo que, señala Arendt, la destrucción kantiana de la vieja concepción del Ser sólo fue parcial y los intentos por recuperar al hombre condujeron a su aislamiento.

Frecuentemente en la reflexión sobre los rasgos que caracterizan lo humano se confunden los aspectos normativos y descriptivos. Frente a ello, y tal vez en ello reside su atractivo, Hannah Arendt presenta su propuesta como cla-

---

[201] Benhabid, S., *The Reluctant Modernism of Hannah Arendt*, Rowman & Littlefield, Lanham, 2003 p. 48.

[202] Arendt, H., "What Is Existenz Philosophy?, cit., p. 39.

[203] Arendt, H., "What Is Existenz Philosophy?", cit., p. 34-35, en relación con las "escuelas de filosofía moderna" afirma "Todos ellos buscan restablecer la unidad del pensamiento y del ser: si ellos apuntan a esta armonía en hacer dominante la materia (los materialismos) o la mente (los Idealistas), es indiferente; indiferente es también si jugando con la noción de aspectos buscan establecer un conjunto más spinozista en carácter".

[204] Arendt, H., "What Is Existenz Philosophy?", cit., p. 39.

[205] Arendt, H., "What Is Existenz Philosophy?", cit., p. 40.

ramente normativa[206]. Dos rasgos caracterizan en la autora la condición humana: la libertad y la diferencia[207], pero estos rasgos que definen una existencia específicamente humana, no parecen plantearse como la condición para que un ser humano sea tratado como tal, sino más bien como objetivos a conseguir mediante el desarrollo individual. En este esquema, por tanto, la autonomía no es una condición natural, pero sin autonomía no hay existencia específicamente humana.

Recordemos, asimismo, que en el modelo moderno tradicional la autonomía es el elemento que justifica que el origen de la moral se encuentre en la razón. Al mismo tiempo, la autonomía y la capacidad de razonar constituyen los rasgos de los que depende la dignidad humana. A continuación, se realizará una presentación sobre el modo en el Arendt aborda ambas cuestiones.

5.2. Validez del juicio y mentalidad ampliada

A propósito de la razón como origen de la moral, Victoria Camps subraya cómo en el trabajo de Arendt, se encuentran elementos desde los que revisar el carácter abstracto del razonamiento ético, así, afirma la autora que "si a Arendt le cautiva más la *Crítica del juicio* que las obras propiamente éticas de Kant es, sin duda, porque viene a confirmar su idea de que no es a través de los principios, sino de lo concreto y del ejemplo, como percibimos la acción moral"[208]. Y es que Camps muestra cómo para Arendt, a diferencia de Kant –y de toda la línea de pensamiento que sobre su teoría se construye–, no hay principios *a priori,* por lo que, en Arendt, señala Victoria Camps, "la conciencia moral se forma no a partir de grandes principios, sino a partir del caso particular o del ejemplo"[209], y la facultad de pensar no se manifiesta en el conocimiento, sino en el juicio.

En la construcción de Arendt, la idea de sentido común desempeña un doble papel, por un lado, refleja la exigencia de universalidad como un criterio para la corrección del juicio, pero, por otro, contextualiza la reflexión, de modo que puede presentarse como "una forma más de reivindicar la universalidad kantiana, si bien, en este caso, la reivindicación se hace de abajo arriba, de los hechos concretos a los principios, y no al contrario"[210].

---

[206] Flores D'Arcais, P., *Hannah Arendt…,* cit., p. 53, "Hannah Arendt no disimula en absoluto el decisivo elemento normativo contenido en sus determinaciones existenciales".

[207] Flores D'Arcais, P., *Hannah Arendt…,* cit., p. 53.

[208] Camps, V., "Hannah Arendt. La moral como integridad", en Cruz, M. (comp.), *El siglo de Hannah Arendt,* Paidós, Barcelona, 2006, pp. 63-86 p. 73.

[209] Camps, V., "Hannah Arendt. La moral como integridad", cit., p. 68.

[210] Camps, V., "Hannah Arendt. La moral como integridad", cit., p. 82.

La interpretación de Camps resulta de interés cuando se trata de encontrar elementos para reconstruir el modelo contemporáneo, puesto que afirma que Arendt "de algún modo, da por supuesta una capacidad moral para juzgar correctamente, o, mejor, para reconocer el juicio moral", de este modo, y a diferencia de Kant, no vincula esa capacidad a la racionalidad práctica ni "tampoco especifica de dónde proviene", tan sólo "deja de tenerla el individuo que renuncia a pensar y, en consecuencia, a juzgar", con lo que "el buen juicio equivale, en principio, al juicio sin más. La misma actividad de juzgar es la conciencia moral"[211]. Lo anterior no significa que el juicio no tenga condiciones, por el contrario, Arendt establece dos restricciones: situarse en la perspectiva del espectador y 'la lucha por la propia integridad'.

La idea de moral en Arendt depende de la independencia del sujeto con respecto a lo dado y de la comunicación con los demás, de forma que

> "No se trata de encontrar la verdad moral, que es inasible, sino de evitar el conformismo equivalente a dejar de pensar para confundirse y dejarse absorber por lo dado. La integridad moral, el discernimiento característico de la conciencia, no es otra cosa sino la lucha contra la indiferencia"[212].

La 'perspectiva del espectador' que Camps identifica en la propuesta de Arendt, se pone de manifiesto en la idea de 'mentalidad ampliada'. Este concepto resulta interesante en la medida en que puede servir de plataforma para la idea de que la pluralidad es un concepto político por excelencia. Efectivamente, en sus trabajos publicados como *Hannah Arendt Lectures on Kant's Political Philosophy* se recogen las páginas de *La vida del Espíritu* en las que la autora establece el plan de trabajo señalando que sólo en la obra de Kant esta facultad es objeto de interés 'para un pensador de primera línea',

> "el punto de vista fundamental que me ha guiado a aislar el juicio como capacidad independiente del espíritu residirá en la verificación de que a los juicios no se llega por deducción ni por inducción; en dos palabras, no tienen nada en común con las operaciones lógicas"[213].

El juicio, que no guarda relación con la lógica, se ocupa de lo particular, pero, frente a la interpretación de Hegel del juicio último como vinculado al éxi-

---

211 Camps, V., "Hannah Arendt. La moral como integridad", cit., p 83.

212 Camps, V., "Hannah Arendt. La moral como integridad", cit., p. 84.

213 Beiner, R. (ed.), *Hannah Arendt's Lectures on Kant's Political Philosophy,* The University of Chicago Press, 1992, pp. 3-5, en español en Arendt, H., *La vida del espíritu,* cit., pp. 243-247, pp. 245-246.

to, Arendt rescata con Kant "la autonomía del espíritu humano y su capacidad para independizarse de las cosas tal y como son o tal como han llegado a ser"[214]. Efectivamente Arendt sitúa la diferencia entre las kantianas *Crítica de la Razón Práctica* y *Crítica del Juicio* en que "las leyes morales de la primera son válidas para todos los seres inteligibles, mientras las reglas del segundo están estrictamente limitadas en su validez a los seres humanos sobre la tierra"[215], asimismo, el juicio se refiere a particulares y la condición para su funcionamiento es la sociabilidad humana, "esto es, la percepción de que los hombres dependen de sus semejantes no sólo por tener un cuerpo y necesidades físicas, sino precisamente por sus facultades mentales"[216], lo que tiene una indudable relevancia política.

Lo cierto es, sin embargo, que los trabajos de Kant hacen referencia a cuestiones estéticas, de modo que el juicio no es razón práctica, por cuanto no se orienta a lo que se debe o no se debe hacer. Sin embargo, es en la *Crítica del Juicio* donde para Kant "Hombres = criaturas terrestres, que viven en comunidades, dotadas de sentido común, sensus communis, un sentido comunitario: no autónomos que necesitan la compañía de otros incluso para pensar"[217]. Arendt identifica tres conceptos o perspectivas desde las que pueden considerarse las cuestiones del hombre "tenemos la especie humana y su progreso; tenemos al hombre como un ser moral y un fin en sí mismo; y tenemos hombres en plural, que en realidad están en el centro de nuestras consideraciones y cuyo verdadero "fin" es … *sociabilidad*"[218].

Y es que frente al modelo moderno en el que, como para Kant, la actividad de pensar se representa como "mi diálogo silencioso conmigo mismo", y, por tanto, "un asunto solitario", para Arendt, la actividad de pensar puede realizarse en soledad, pero lo pensado desaparece a menos que se comunique, y este aspecto de 'general comunicabilidad' es el que Arendt considera presente en la *Crítica del Juicio,* y es el que hace posible el pensamiento crítico:

> "También, por supuesto, no es de ninguna manera cierto que se necesite o que se pueda incluso soportar la compañía de los demás cuando se está pensando; sin embargo, a menos que pueda de alguna manera comunicarse y exponerse a la prueba de los demás, ya sea oralmente o por escrito, lo que se haya descubierto cuando se estaba solo, esta facultad ejercida en soledad desaparecerá"[219].

---

214 Arendt, H., *La vida del espíritu,* p. 247.

215 *Hannah Arendt's Lectures on Kant's Political Philosophy,* cit., p. 13.

216 *Hannah Arendt's Lectures on Kant's Political Philosophy,* cit., p. 14. La autora considera que esta preocupación estaba ya presente en Kant.

217 *Hannah Arendt's Lectures on Kant's Political Philosophy,* cit., p. 27.

218 *Hannah Arendt's Lectures on Kant's Political Philosophy,* cit., p. 26.

219 *Hannah Arendt's Lectures on Kant's Political Philosophy,* cit., p. 40.

En este marco "el pensamiento crítico es posible sólo donde los puntos de partida de los demás están abiertos a la inspección". Esto no significa que no pueda realizarse en solitario; solo que no puede realizarse en aislamiento de "todos los demás", sino que "por la fuerza de la imaginación hace que los demás estén presentes y se mueve en un espacio potencialmente público, abierto a todos los lados". De este modo, dice Arendt introducir en el esquema la posición de ciudadano mundial que se refleja en pensar con una mentalidad ampliada, esto es "que entrena su imaginación para ir a visitar", pero "el truco del pensamiento crítico no consiste en una empatía enormemente ampliada que permita saber qué es lo que realmente piensan todos los demás"[220].

Así pues, el juicio implica dos operaciones mentales. La operación de la imaginación que permite juzgar objetos que no están presentes y, por tanto, que no pueden ser objeto de percepción y, la operación de reflexión, en palabras de la autora,

> "hay dos operaciones mentales en el juicio. Existe la operación de la imaginación, en la que se juzgan objetos que ya no están presentes, que se apartan de la percepción sensorial inmediata y por lo tanto ya no afectan directamente a uno, y sin embargo, aunque el objeto se retira de sus sentidos exteriores, ahora se convierte en un objeto para los sentidos internos ... Esta operación de la imaginación prepara el objeto para 'la operación de la reflexión'. Y esta segunda operación –la operación de la reflexión– es la actividad real de juzgar algo"[221].

La imaginación y la reflexión establecen la condición más importante para todos los juicios, que es la imparcialidad. En el caso de la imaginación, la imparcialidad implica adoptar la posición del espectador, y no la del actor. La imparcialidad en relación con la reflexión obedece a la comunicabilidad y "el estándar para decidir sobre ello es el sentido común". Precisamente es del sentido común de lo que depende la validez de los juicios que, por tanto, no es cognitiva ni científica, y presupone que quien juzga es miembro de una comunidad y se guía en el juicio por el sentido de esta comunidad.

Para Kant, señala Arendt, la comunidad es mundial, puesto que parte de que los seres humanos somos miembros de una humanidad; con lo que uno juzga siempre como miembro de una comunidad, guiado por el sentido de la comunidad; pero dado que la comunidad es mundial, dice Arendt, "cuando se juzga y cuando se actúa en asuntos políticos, se supone que se toma el rumbo

---

220 *Hannah Arendt's Lectures on Kant Political Philosophy,* cit., p. 43.
221 *Hannah Arendt's Lectures on Kant Political Philosophy,* cit., p. 68.

de la idea, no la realidad, de ser un ciudadano del mundo y, por lo tanto … un espectador del mundo"[222].

De acuerdo con Camps, el sentido común desempeña en la propuesta de Arendt el papel de la intersubjetividad, guarda una evidente semejanza con la "razonabilidad" de Rawls[223], e implica tres máximas "1)pensar por uno mismo; 2) situarse en el lugar del otro; 3) el pensamiento consecuente o de acuerdo con uno mismo"[224]; para la intérprete este tercer paso constituye la auténtica justificación del juicio moral, por lo que la moral puede definirse como integridad, en la medida en que "el juicio moral acaba, de esta forma, siendo expresión de la integridad de la persona, de la coherencia del individuo consigo mismo, de la autenticidad. Es decir, que el último estándar de la conducta moral es el propio sujeto"[225]. Si se trasladan estas reflexiones al proceso de Eichmann, la conclusión es que la banalización del mal se produce cuando las personas renuncian al pensamiento y al juicio, a lo que incitan "las estructuras tecnocráticas y despolitizadas"[226].

En este esquema, la mentalidad ampliada puede representarse como la condición para la corrección de los juicios, el sentido propio de la comunidad es el que hace posible ampliar la propia mentalidad. Arendt traduce esta exigencia en términos negativos:

> "Hablando negativamente, esto significa la capacidad de abstracción de las condiciones y circunstancias privadas que, en lo que respecta al juicio, limitan e inhiben su ejercicio. Las condiciones privadas nos condicionan; la imaginación y la reflexión nos permiten liberarnos de ellas y alcanzar esa relativa imparcialidad que es la virtud específica del juicio"[227].

El concepto de mentalidad ampliada[228] es uno de los elementos de la construcción arendtiana que resultan de utilidad para la articulación de un modelo contemporáneo de derechos[229]. Y, por ejemplo, con respecto a la presencia de esta idea en Kant, señala que

---

[222] *Hannah Arendt's Lectures on Kant Political Philosophy,* cit., pp. 75-76.

[223] "La mentalidad amplia asegura la intersubjetividad, que es la forma actual de la objetividad. Intersubjetividad o sentido común, da lo mismo. En ambos casos se quiere expresar la necesidad de compartir el juicio, o de someterlo a contraste", Camps, V., "Hannah Arendt. La moral como integridad", cit., p. 74.

[224] Camps, V., "Hannah Arendt. La moral como integridad", cit., p. 75.

[225] Camps, V., "Hannah Arendt. La moral como integridad", cit., p. 77.

[226] Camps, V., "Hannah Arendt. La moral como integridad", cit., p. 77.

[227] *Hannah Arendt's Lectures on Kant Political Philosophy,* cit., p. 73.

[228] Para Campillo, N., "Comprensión y juicio en Hannah Arendt", *Revista de Filosofía,* nº 26, 2002, pp. 125-140, es una garantía de imparcialidad.

[229] Benhabid, S., *The Reluctant Modernism of Hannah Arendt*, cit., p. 190, cuestiona el modo en el que Arendt termina ampliando la categoría: "¿hay alguna razón para suponer que

> "lo que interesa a Kant sobre la abolición de la guerra y lo convierte en una especie de pacifista no es la eliminación del conflicto, ni siquiera la eliminación de la crueldad, el derramamiento de sangre, las atrocidades de la guerra. Es, como a veces incluso a regañadientes concluye (con timidez, porque los hombres pueden llegar a ser como ovejas, hay algo sublime en el sacrificio de vida, etc.), condición necesaria para la mayor ampliación posible de la mentalidad ampliada" [230].

La dificultad del juicio es que se trata de la facultad de pensar lo particular, pero pensar significa generalizar, con lo que de un modo misterioso, combina lo particular y lo general. La operación no resulta extremadamente complicada "si lo general está dado –como una regla, un principio, una norma jurídica– en este caso el juicio meramente subsume lo particular en ello", el problema sobreviene cuando sólo está dado lo particular y lo general ha de ser encontrado[231].

Según Benhabid, en sus consideraciones 'inconclusas' sobre pensar y juzgar Arendt parece relacionar el pensar con las cualidades morales como la autonomía, la consistencia, la tenacidad, la independencia y firmeza de juicio, mientras el modelo de juzgar, particularmente cuando la regla general no está dada, se convierte en una actividad de mentalidad ampliada "una capacidad para presentarse a una misma la perspectivalidad del mundo, de tomar en cuenta los múltiples puntos de vista a través de los cuales se debe ver y evaluar una materia" [232]. Como ya se ha apuntado aquí, no hay que confundir esa capacidad con la empatía. Por otro lado, el juicio requiere del interés por el mundo (mundanalidad) y por los seres humanos que lo constituyen (interés por el prójimo) y la comprensión de dónde se sitúan los propios límites y comienzan los de otros (esto es, capacidad para apreciar el punto de vista de los demás sin proyección, idealización, ni distorsión).

Benhabid defiende que ambas facultades están relacionadas en la medida en que la consistencia es una virtud de todos los procesos cognitivos y no sólo

---

este modelo de pensamiento ampliado, que nos obliga realmente a involucrar o simular en el pensamiento un diálogo moral con todos los interesados, nos ayuda a recuperar ese hilo entre el pensamiento, el juicio y la consideración oral que Hannah Arendt había deseado? Es de nuevo una de las preexistencias del pensamiento arendtiano en estas materias que, si bien reconoce fácilmente la importancia del "pensamiento ampliado" como principio en el ámbito público-político, en sus consideraciones sobre la moralidad, vuelve al modelo platónico de la unidad del alma consigo misma ...". De esta forma y "aunque Arendt hizo hincapié en la armonía como experiencia moralmente relevante, consideró la pluralidad como el principio político por excelencia. Pero a través de este énfasis en la unidad o la armonía, presentó una concepción cuasi-intuicionista de moral, en contraposición con el juicio político".

[230] *Hannah Arendt's Lectures on Kant Political Philosophy,* cit., p. 74.

[231] *Hannah Arendt's Lectures on Kant Political Philosophy,* cit., p. 76.

[232] Benhabid, S., *The Reluctant Modernism of Hannah Arendt,* cit., p. 191.

de juzgar "sin embargo, pensar y juzgar son también diferentes a pesar del vínculo que entre ellos quiere establecer Arendt, puesto que la independencia de mente y la 'perspectivalidad' pueden contradecirse y la tenacidad del pensamiento puede llevar a ignorar las pretensiones de otros sobre uno mismo y a negar la presencia de diferentes perspectivas, "por tanto, pensar y juzgar permanecen en tensión uno con otro, y el vínculo que Arendt trata de establecer entre ambos permanece, en el mejor de los casos, tenue"[233].

Asimismo, Benhabid se fija en las situaciones que llevaron a Arendt a sus reflexiones sobre el pensamiento y el juicio, el nacionalsocialismo y el totalitarismo, instancias ambas en las que la intersubjetividad constitutiva del mundo social había sido dañada y en las que había sido destruida la capacidad de los individuos de desarrollar una mentalidad ampliada. Estas constataciones provocan un tono melancólico y desencantado a propósito del siglo XX en el pensamiento de Hannah Arendt, que se pone de manifiesto, por ejemplo, en sus reflexiones sobre

> "la fragilidad de los derechos humanos, su creencia de que no nacemos iguales, pero nos hacemos iguales al ser reconocidos como miembros de una comunidad moral y política, y su irónico reconocimiento de que Eichmann el ex nazi era un 'apátrida', una persona semejante a ella misma, el judío perseguido, y que ninguno de los dos sería protegido por un orden jurídico y normativo internacional"[234].

La melancolía hace que Arendt se muestre escéptica sobre la posibilidad de que los principios y creencia morales pudieran ser capaces de limitar o controlar la política en el siglo XX y orientarla en una dirección compatible con los derechos y la dignidad humana. Y esto, según Benhabid, es una laguna en su pensamiento.

5.3. Razón y condición humana

Hannah Arendt, que, como veremos, concibe al ser humano desde su relación con los otros, también considera el solipsismo falaz. Los planteamientos solipsistas terminan construyendo una imagen del filósofo, y, por extensión,

---

233 Benhabid, S., *The Reluctant Modernism of Hannah Arendt,* cit., p. 192.

234 Benhabid, S., *The Reluctant Modernism of Hannah Arendt,* cit., p. 193. Por su parte, Neus Campillo también atribuye a Arendt la idea de que "lo terrorífico del totalitarismo no es que sea la causa de la crisis moral e intelectual de occidente, porque la crisis es algo propio de esta tradición; lo terrorífico se produce porque pone en evidencia los límites de nuestras categorías de pensamiento y de nuestros criterios del juicio", Campillo, N., "Comprensión y juicio en Hannah Arendt", cit., p. 133.

del ser humano, ajeno a la experiencia y a la realidad en la que se desarrolla la vida humana. En este sentido señala Arendt cómo el solipsismo lleva a Descartes a representarse un ser humano inexistente,

> "tan intensa era…la experiencia de la actividad pensante y tan apasionado…el deseo de hallar certeza y algún tipo de permanencia estable después de que la nueva ciencia hubiera descubierto «*la terre movante*»…, que nunca se le ocurrió que ninguna *cogitatio* ni ningún *cogito me cogitare,* ninguna consciencia de un ser capaz de actuar que hubiera desechado la fe en la realidad de sus objetos intencionales, podrían haberle convencido nunca de su propia realidad, si hubiese nacido en un desierto, sin un cuerpo dotado de los sentidos que permiten percibir las cosas materiales, y sin la compañía de otros hombres que le asegurasen que lo que él percibía también era percibido por ellos. La *res cogitans* cartesiana, esa criatura ficticia, sin cuerpo, sin sentidos y completamente desamparada, no podría ni siquiera saber que existe algo como la realidad ni sospechar la posible distinción entre lo real y lo irreal, entre el mundo corriente de la vigilia y el no-mundo privado de nuestros sueños"[235].

Frente a las implicaciones de este planteamiento que tanta fuerza tiene en la concepción moderna tradicional, el conocimiento no puede producirse en aislamiento, puesto que "la realidad de lo que percibo viene garantizada por su contexto en el mundo, que se caracteriza, por una parte, por los demás seres que perciben igual que yo y, por otra, por la actividad en común de mis sentidos"[236]. De esta forma, la garantía del conocer reside en la afinidad entre los propios sentidos y los sentidos de los otros, y no, por tanto, en la reflexión descontextualizada del yo pensante. Afirma al respecto la autora,

> "los cinco sentidos, radicalmente distintos entre sí, tienen el mismo objeto común; los individuos de la misma especie comparten un contexto común que confiere a cada objeto en particular su propio significado; y todos los demás seres dotados de sentidos, a pesar de percibir el mismo objeto desde perspectivas completamente distintas, están de acuerdo en cuanto a su identidad. La sensación de realidad surge de esta triple afinidad"[237].

Según Arendt, y en este punto se refleja la melancolía a la que se refiere Benhabid, la relación que se establece entre el pensamiento y la realidad puede encontrarse en el origen de la destrucción del 'sentido común', pero "la pérdida del sentido común no es ni el vicio ni la virtud de los «pensadores de

---

235 Arendt, H., *La vida del espíritu…,* cit., p. 65.
236 Arendt, H., *La vida del espíritu…,* cit., p. 67.
237 Arendt, H., *La vida del espíritu…,* cit., p. 67.

profesión» kantianos; siempre le ocurre a todo aquél que reflexiona profundamente sobre algo; lo único que tiene de particular es que a esos pensadores de profesión les ocurre con mucha frecuencia"[238]. La salvación de los filósofos, se encuentra en que el filósofo es "un hombre como tú y como yo, una apariencia, que se mueve entre otras apariencias, dotada de sentido común y conocedora de los suficientes razonamientos de sentido común necesarios para sobrevivir"[239].

La crítica a la posición de los filósofos enlaza con la posición de la autora a propósito de la distinción entre vida activa y vida contemplativa. Así, mientras la vida activa se despliega en público y se orienta a las necesidades de los vecinos, la contemplativa se despliega en soledad y es pasividad[240]. Para los filósofos de la modernidad, y el ejemplo vuelve a situarlo en Descartes, existe un acuerdo entre las leyes naturales y las leyes matemáticas, con lo que resulta posible calcular las consecuencias. Del mismo modo que el ser humano había sido reducido a Hombre, el mundo quedó reducido a patrones matemáticos.

Frente a ello, Arendt insiste en la diferencia entre el pensamiento y el razonamiento lógico, que considera inteligencia y no pensamiento:

> "Tanto el pensamiento como la cognición han de distinguirse del poder del razonamiento lógico que se manifiesta en operaciones tales como deducciones de principios axiomáticos o evidentes, inclusión de casos particulares en reglas generales, o las técnicas de alargar consistentes series de conclusiones. En estas facultades humanas nos enfrentamos realmente con una especie de poder cerebral que en más de un aspecto a nada se parece tanto como a la fuerza de labor que desarrolla el animal humano en su metabolismo con la naturaleza. Solemos llamar inteligencia a los procesos mentales que se alimentan del poder del cerebro, y esta inteligencia puede medirse con tests al igual que también cabe medir la fuerza corporal. Sus leyes, las de la lógica, pueden descubrirse de la misma manera que otras leyes de la naturaleza porque están

---

238 Arendt, H., *La vida del espíritu...*, cit., p. 70.

239 Arendt, H., *La vida del espíritu...*, cit., p. 70.

240 "Según las tradiciones cristianas, cuando la filosofía se puso al servicio de la teología, el pensar devino meditación, y ésta, a su vez, acabó en contemplación, una especie de estado de alarma privilegiado en el que el espíritu no se desplegaba ya para alcanzar la verdad, sino que, anticipando un estado futuro, lo recibía temporalmente de la intuición...Con el nacimiento de la Edad Moderna, el pensar se convirtió ante todo en siervo de la ciencia, del saber organizado; y aunque el pensar se desarrolló entonces con extremada actividad, siguiendo la convicción crucial de la modernidad de que sólo se puede conocer lo que uno mismo hace, fue la matemática, la ciencia no empírica por excelencia, en la cual el espíritu aparece jugando sólo consigo mismo, la que resultó ser la Ciencia de las ciencias, proporcionando la llave de aquellas leyes de la naturaleza y del universo que aparecen escondidas por los fenómenos", Arendt, H., *La vida del espíritu...*, cit., p. 17.

profundamente enraizadas en la estructura del cerebro humano y, en el individuo normalmente sano, poseen la misma fuerza de apremio que la de la necesidad que regula las demás funciones de nuestro cuerpo”[241],

Esta cuestión resulta especialmente interesante en nuestra era, en la que se abre paso el trashumanismo[242], y en un contexto en el que la reflexión sobre la relación entre las capacidades y la discapacidad ocupa un lugar importante en las teorías de los derechos humanos. A propósito de estas cuestiones, resulta pertinente la afirmación de Arendt en el sentido de que

> “si fuera cierto que el hombre es un *animal rationale* en el sentido que le da la Época Moderna, es decir, una especie animal que difiere de las restantes por estar dotada de un superior poder cerebral, entonces las recién inventadas máquinas eléctricas que, a veces para desaliento y otras para confusión de sus inventores, son tan espectacularmente más «inteligentes» que los seres humanos, serían *homunculi*”[243].

Arendt se aleja de la concepción moderna tradicional en la medida en que rechaza la racionalidad como la más elevada de las capacidades humanas, puesto que

> “lo que demuestran los gigantescos ordenadores es que la Época Moderna se equivocó al creer con Hobbes que la racionalidad, en el sentido de «tener en cuenta las consecuencias», era la más elevada y humana de las capacidades del hombre … los filósofos de la vida y de la labor, Marx, Bergson o Nietzche, estaban en lo cierto al ver en este tipo de inteligencia, que confundían con la razón, una mera función del propio proceso de la vida, o como señaló Hume, un simple «esclavo de las pasiones». Claro está que el poder del cerebro y los apremiantes procesos lógicos que genera no son capaces de erigir un mundo; son tan sin mundo como los apremiantes procesos de la vida, de la labor y del consumo”[244].

Y, en este sentido, considera infundadas tanto la posibilidad de someter el mundo a patrones matemáticos, como la posibilidad de aprehender la condición humana desde la abstracción. De este modo, es posible encontrar en la autora argumentos frente a estos elementos en la medida en que han permitido que en la concepción moderna los derechos se otorguen al hombre sin atributos y no al ser humano. Por otro lado, la confusión de pensamiento e inteligen-

---

241 Arendt, H., *La vida del espíritu…*, cit., 193.

242 Asís Roig, R. de, *Una mirada a la robótica desde los derechos humanos,* Dykinson, Madrid, 2014, pp. 51 y ss.

243 Arendt, H., *La condición humana…*, cit., p. 195.

244 Arendt, H., *La condición humana...*, cit., p. 194.

cia hace posible la falta de reflexión a la que Arendt se refiere en su trabajo ya citado sobre *Eichmann en Jerusalén*.

A pesar de las críticas que recibió la autora por el modo en el que aplica la idea de 'banalización del mal' a los asesinatos nazis, se trata de una categoría de sumo interés para dar cuenta de estos acontecimientos y de todos aquéllos en los que la pérdida de valores y la tendencia a despersonalizar las decisiones que tienen como consecuencia la vulneración de derechos[245], impiden la reacción frente a estas violaciones. En un contexto en el que se han derrumbado los valores, se produce una ausencia de reglas para distinguir el bien y el mal y "sólo quedan las *mores*, las costumbres, cuyo carácter relativo y coyuntural las hace intercambiables por otras cualesquiera tan convencionales y prescindibles como las anteriores"[246].

Además de la desintegración de los valores, la integración del individuo en el sistema –que implica el totalitarismo, y que como hemos visto hasta aquí resulta favorecida por la sociedad de masas– permite presentar a las personas como parte de la máquina administrativa "no es el individuo el que actúa, sino el sistema. Por eso el individuo, que en realidad se mueve sólo por inercia, no se siente responsable por lo que hace"[247]; las personas que participaron en este sistema no son conscientes de haber escogido el mal porque no hubo una opción, al contrario, no pensaron en lo que hacían.

Precisamente, en este marco, se pregunta Arendt

> "¿Es posible hacer el mal (los pecados de comisión y omisión) cuando faltan no ya sólo los «motivos reprensibles» (como los llama la ley), sino también cualquier otro tipo de motivos, el más nimio destello de interés o volición?¿No es acaso una condición necesaria del mal, como quiera que deseemos definirlo, este «estar dispuestos a ser malvados»?¿Puede estar relacionado el problema del bien y del mal, nuestra facultad de distinguir lo que está bien de lo que está mal, con nuestra facultad de pensar?"[248].

En opinión de Vallespín, este punto de la crítica de Arendt con respecto al proyecto moderno la sitúa en la línea de autores como Leo Strauss, Martin Heidegger y un importante sector de la Escuela de Frankfurt, en la medida en que

---

245 Camps, V., "Hannah Arendt. La moral como integridad", en Cruz, M. (comp.), *El siglo de Hannah Arendt,* cit., pp. 63-86, p. 65, "No era fácil, desde luego, aceptar que un mal tan *radical* (este adjetivo era más aceptable) como el perpetrado contra los judíos pudiera ser calificado, bajo ningún aspecto, como «banal»".

246 Camps, V., "Hannah Arendt. La moral como integridad", cit., p. 65.

247 Camps, V., "Hannah Arendt. La moral como integridad", cit., p. 65.

248 Arendt, H., *La vida del espíritu…*, cit., p. 15.

> "a pesar de las muchas diferencias entre ellos, todos convergen en un diagnóstico negativo de la modernidad, que responsabiliza al pensamiento filosófico moderno y a la conquista de la naturaleza por la técnica de todo un conjunto de males diversos...resulta así que la pretensión ilustrada por liberar las relaciones humanas de todas las hipotecas de la tradición y la trascendencia y constituirlas a partir de la razón ha revertido en una nueva forma de poder anónimo e inaprensible. Por doquier encuentran la huella de una regresión universal dentro de la cual el hombre se mueve lleno de temor y desorientado. En vez de quitarles el miedo a los hombres y convertirles en amos, el mundo moderno habría producido precisamente lo contrario"[249].

La respuesta de Arendt es susceptible de una interpretación en clave moderna, pero no ya tradicional, sino contemporánea, y en este sentido es en el que su obra se puede presentar como punto de partida para la fundamentación del nuevo modelo de derechos.

En cualquier caso, el rechazo que realiza Arendt del ser humano como mera máquina pensante, permite entender que, para la autora, la condición humana es una condición terrenal[250].

5.4. Libertad como libertad política

Seyla Benhabid interpreta la filosofía política arendtiana como una respuesta a esta cuestión filosófica sobre la relación del ser humano con los otros. A propósito de esta cuestión Benhabid atribuye a Arendt un planteamiento que resulta fundamental desde el punto de vista de una concepción contemporánea de los derechos: el ser humano no puede ser concebido en soledad. Al respecto, señala Benhabid,

> "una tesis central de mi interpretación de Hannah Arendt es que la recuperación del mundo público de la política en su pensamiento no fue sólo un proyecto político, sino también filosófico. La misma Arendt, así como sus comentaristas, habían fracasado en apreciar el significado filosófico de su búsqueda para una recuperación del mundo público...en su eventual rechazo de la filosofía de la existencia y en su transformación del concepto heideggeriano de mundo, Arendt restauró el "estar-

---

249 Vallespín, F., "Hannah Arendt y el republicanismo", cit., p. 112.

250 Campillo, N., "Comprensión y juicio en Hannah Arendt", cit., p. 130, considera que existe una continuidad entre las reflexiones de Arendt en *La condición humana* y la posterior reflexión sobre Kant, "porque es la concepción arendtiana del sujeto la que está condicionando su vuelta a Kant. Me refiero a su consideración de los hombres como seres terrenales y a su constatación del pluralismo".

> en-el-mundo-con", o la condición de la pluralidad humana, al centro de nuestra experiencia mundana. El descubrimiento de la pluralidad humana como una condición existencial fundamental es la respuesta real de Arendt a la filosofía de la existencia en la que se había formado...El descubrimiento de la pluralidad humana permitirá a Arendt emprender revisiones fundamentales en los conceptos de acción e identidad humana y finalmente en la categoría misma de mundo"[251].

Efectivamente, Hannah Arendt rechaza la imagen del ser humano como individuo aislado. Frente al modelo moderno tradicional en el que se desconsideran los vínculos entre los seres humanos, y se mantiene la imagen de que las relaciones con otros seres humanos ponen en peligro la libertad, la autora reclama la necesidad de los otros como una condición de la libertad[252], que, por otro lado, no resulta comprensible al margen de la organización política.

Sobre esta cuestión, señala Salvador Giner[253], que para Arendt

> "la revolución francesa condujo, con su homogeneización de una ciudadanía convertida en masa (como lo sería en mucho mayor medida más tarde bajo el totalitarismo del siglo XX), a una anulación del hecho fundamental de toda politeya de gentes libres: la pluralidad de humanos. La razón esencial de la existencia de los seres humanos como animales políticos –capaces de acción– no es que pertenezcan a una especie de simios superiores dotados de razonamiento. Es que son esencialmente diferentes entre sí. Los seres iguales no necesitan discernir, debatir, juzgar y actuar según tales criterios. La diferencia entre nosotros es lo que nos obliga a que tengamos que ponernos de acuerdo. Si no nos pone de acuerdo un tirano o el dominio del señor, tenemos que pensar. Pensar, esto es, sin anularnos los unos a los otros".

Desde esta perspectiva, la autora critica al individuo hobbesiano. Así, tras considerar que "Hobbes, desde luego, es el único gran filósofo al que la bur-

---

251 Benhabid, S., *The Reluctant Modernism of Hannah Arendt,* cit., p. 50-51.

252 "la creencia popular en un «hombre fuerte» que, aislado y en contra de los demás, debe su fuerza al hecho de estar solo es pura superstición, basada en la ilusión de que podemos «hacer» algo en la esfera de los asuntos humanos –«hacer» instituciones o leyes, por ejemplo, de la misma forma que hacemos mesas y sillas, o «hacer» hombres «mejores» o «peores»–, o consciente desesperación de toda acción, política y no política, redoblada con la utópica esperanza de que cabe tratar a los hombres como se trata a otro «material». La fuerza que requiere el individuo para cada proceso de producción pierde por completo su valor cuando la acción está en peligro, trátese de una fuerza intelectual o puramente material. La historia está llena de ejemplos de la impotencia del hombre fuerte y superior que no sabe cómo conseguir la ayuda, la co-acción de sus semejantes". Arendt, H., *La condición humana,* cit., p. 216.

253 Giner, S., "Hannah Arendt. La primacía moral de la política", *Claves de razón práctica,* nº 168, 2006, pp. 14-20, p. 18.

guesía puede revindicar justa y exclusivamente como suyo, aunque sus principios no fueran reconocidos por la clase burguesa durante largo tiempo"[254], rechaza la concepción presente en el contractualismo hobbesiano, por otro lado, largamente extendida en la ideología que acompaña al modelo moderno tradicional de derechos, conforme a la cual los intereses particulares se convierten en los intereses del cuerpo político. Afirma al respecto que

> "El *Leviatán* de Hobbes expuso la única política según la cual el estado se halla basado no en algún género de ley constituyente –sea ley divina, ley natural o ley del contrato social– que determine los derechos y los perjuicios del interés del individuo con respecto a los asuntos públicos, sino en los mismos intereses individuales, de forma tal que «el interés privado es el mismo que el público»"[255].

Frente a la traslación de la racionalidad económica a la esfera pública que, conforme se ha mostrado, caracteriza el modelo moderno, Arendt critica la mentalidad del padre de familia, cuya dedicación y preocupación por su familia "parecen constituir virtudes apreciables. Y lo son, en la esfera privada. Pero se convierten en un vicio público devastador, apenas cesan de constituir *uno* de los lados de su existencia, y ocupan el espectro entero" de modo que "el amor por la familia se convierte en indiferencia hacia la esfera pública y en desinterés por el cuidado de las diferencias entre individuos que solo en aquella esfera pueden expresarse"[256].

La liberación de las 'necesidades de la vida' parece en Arendt una manifestación de la libertad, pero la libertad también requiere de "la compañía de otros hombres que estuvieran en la misma situación y de un espacio público en el que se pudiera tratarlos, en otras palabras, un mundo organizado políticamente en el que cada hombre libre pudiera insertarse de palabra y obra"[257]. Fuera de la organización política, las necesidades vitales y la preservación de la vida rigen la conducta de los seres humanos que, por tanto, carecen de libertad[258]. Conviene entender esta afirmación en correspondencia con la relación que establece Arendt entre labor, trabajo y acción, en la medida en que las actividades ligadas con la preservación de la vida constituyen, para la autora, labor, y no son específicamente humana. Sólo la acción, que por definición requiere, como se verá en el siguiente apartado, la presencia de otras personas, es específica de los seres humanos.

---

254 Arendt, H., *Los orígenes del totalitarismo,* cit., *p.* 230 y ss.
255 Arendt, H., *Los orígenes del totalitarismo,* cit., p. 230.
256 Flores D'Arcais, P., *Hannah Arendt. Existencia y libertad,* cit.
257 Arendt, H., "¿Qué es la libertad?", cit., p.235.
258 Arendt, H., "¿Qué es la libertad?", cit., p. 235.

La autora critica, por otro lado, el paralelismo entre libertad y soberanía –que define como 'el ideal intransigente de la autosuficiencia y superioridad'–, que en el moderno tradicional se aplica tanto a la comunidad política como al individuo[259]. En su opinión, la confusión entre ambos conceptos obedece a la identificación de la libertad con libre albedrío, respecto a la que afirma que

> "políticamente, esta identificación de libertad y soberanía es quizá la consecuencia más dañina y peligrosa de la ecuación filosófica de libertad y libre albedrío, ya que lleva a una negación de la libertad humana –es decir, si se comprende que, sean lo que sean, los hombres jamás son soberanos–, o bien a la idea de que la libertad de un hombre, de un grupo o de una entidad política se puede lograr sólo al precio de la libertad –o sea, la soberanía– de todos los demás"[260].

Arendt considera que no es posible hacer depender la libertad de la soberanía, puesto que esta relación llevaría al absurdo de que ningún ser humano podría ser libre, puesto que los seres humanos viven con otros seres humanos, en palabras de la autora

> "Ningún hombre puede ser soberano porque ningún hombre solo, sino los hombres, habitan la tierra, y no, como mantiene la tradición desde Platón, debido a la limitada fuerza del hombre que le hace depender de la ayuda de los demás"[261].

Asimismo, diferencia dos conceptos de libertad, la libertad filosófica y la libertad política, citando a Montesquieu, "quien, aunque indiferente a los problemas de naturaleza filosófica estricta, sabía muy bien que el concepto cristiano y filosófico de libertad era poco adecuado para los objetivos políticos"[262]. La libertad política no puede entenderse como 'libertad del ejercicio de la voluntad', sino en que 'cada uno pueda hacer lo que debe querer', y en este concepto subraya la idea de poder, puesto que para Arendt la libertad no existe sin capacidad de hacer. Conforme tendremos ocasión de mostrar, esta forma de entender la libertad sitúa a Arendt en la tradición republicana de la política. En palabras de Benhabid,

---

[259] "Toda actividad política se lleva a cabo, y siempre fue así dentro de un elaborado marco de lazos y conexiones para el futuro, como las leyes, las constituciones, los tratados y alianzas, que derivan en última instancia de la facultad de prometer y de mantener las promesas ante las incertidumbres esenciales del futuro. Además, un Estado en el que no haya comunicación entre los ciudadanos y donde cada hombre piensa sólo sus propios pensamientos es, por definición, una tiranía", Arendt, H., *Entre el pasado y el futuro…*, cit., p. 258.

[260] Arendt, H., *Entre el pasado y el futuro…*, cit., p. 259.

[261] Arendt, H., *La condición humana,* cit., p. 254.

[262] Arendt, H., *Entre el pasado y el futuro …*, cit., p. 253.

> "sin duda, Hannah Arendt es la pensadora política nodal de este siglo, cuya obra nos ha recordado con gran intensidad los «tesoros perdidos» de nuestra tradición de pensamiento político, y específicamente la «pérdida» del espacio público, bajo las condiciones de modernidad" [263].

La concepción republicana de la política de Arendt demanda una idea de ser humano distinta de la hobbesiana que cala en buena medida, tal vez, como se ha señalado, a pesar de Kant, en la construcción moderna de los derechos. A diferencia de la propuesta del modelo moderno tradicional, "la identidad del sujeto individual sólo es posible en una contigüidad humana entre iguales, y participando discursiva y comunicativamente de las cosas del mundo común"[264]. En consecuencia, la política desempeña un papel fundamental en la obra de Arendt, como ámbito en el que los seres humanos se realizan. No obstante, el concepto de política de la autora también se aleja de la concepción moderna tal y como ha sido caracterizada en la medida en que, por un lado, se orienta a los asuntos humanos y, por otro, reclama su independencia con respecto a la racionalidad económica.

La autora ilustra el modo en que entiende la política orientada a los asuntos humanos mediante su particular forma de entender la historia de las ideas. En este sentido, sitúa el inicio de la tradición occidental en Platón y Aristóteles, y el final en las teorías de Marx:

> "Nuestra tradición de pensamiento político tuvo su comienzo definido en las enseñanzas de Platón y Aristóteles. Creo que llegó a un fin no menos definido en las teorías de Karl Marx. El comienzo se produjo cuando, con la alegoría de la caverna, Platón describió en *La república* la esfera de los asuntos humanos –todo lo que pertenece a la coexistencia de los hombres en un mundo común– en términos de oscuridad, confusión y decepción, de las que quienes aspiran al ser verdadero deben apartarse y dejarla atrás, si quieren descubrir el firmamento límpido de las ideas eternas. El fin llegó cuando Marx declaró que la filosofía y su verdad están situadas no fuera de los asuntos de los hombres y de su mundo común, sino precisamente en ellos, y sólo se pueden «llevar adelante» en la esfera de la coexistencia, llamada por él «sociedad», a través del surgimiento de los «hombres socializados»...La filosofía política necesariamente implica la actitud del filósofo ante la política; su tradición comenzó cuando el filósofo se apartó de la política y después regresó a ella para imponer sus normas a los asuntos humanos. El fin se produjo cuando un filósofo se apartó de la filosofía como para «llevarla adelante» en el campo político"[265].

---

263 Benhabid, S., "La paria y su sombra...", cit., p. 29

264 Vallespín, F., "Hannah Arendt y el republicanismo", cit., p. 121.

265 Arendt, H., *Entre el pasado y el futuro...*, cit., p. 33-34.

Como se desprende del texto transcrito, la autora considera que la tradición del pensamiento político occidental comienza cuando la Filosofía domina la acción, y termina en el momento en el que la acción se somete al pensamiento. Esta interpretación se justifica en la idea de que para Arendt, la tradición de pensamiento político está marcada por la oposición entre pensar y obrar "la cual, al privar al pensamiento de realidad y a la acción de sentido, hace que ambos se vuelvan carentes de significación"[266].

La idea del 'pensamiento orientado a la acción' resulta interesante en relación con la posibilidad de presentar una interpretación republicana de Hannah Arendt, pero en estas páginas de *Entre el pasado y el futuro* se contiene también, como se ha visto, una reflexión de suma importancia para entender en qué medida Hannah Arendt da pie para la reconstrucción de las bases filosóficas del modelo contemporáneo de derechos. Efectivamente, la ruptura definitiva con la concepción tradicional de la filosofía y de la política que según la autora es anunciada por Kierkegard, Marx y Nietzsche, pero que es definitivamente ejecutada por los totalitarismos, demanda también una revisión de la idea de los derechos humanos que no se produjo de forma simultánea. Por el contrario, los derechos fueron dejados de lado como una categoría inútil, una vez constatados los puntos débiles de la concepción moderna tradicional de la condición humana.

La autora parece dar a entender que Kierkegaard, Marx y Nietzsche, al desafiar las bases de la religión, del pensamiento político y de la metafísica tradicionales, mediante la inversión de la jerarquía tradicional de los conceptos, dieron paso al 'pensamiento formalista y compulsivo'[267]; sin embargo, considera que "ni esa secuela del siglo XX ni la rebelión decimonónica contra la tradición ocasionaron realmente la ruptura en nuestra historia"[268], muy al contrario,

> "tal ruptura nació de un caos de incertidumbres masivas en la escena política y de opiniones masivas en la esfera espiritual, que los movimientos totalitarios, merced al terror y a la ideología, hicieron cristalizar en una nueva forma de gobierno y dominación. La dominación totalitaria como un hecho establecido, que en su carácter sin precedentes no se puede aprehender mediante las categorías habituales de pensamiento político

---

[266] Arendt, H., *Entre el pasado y el futuro...*, cit., p. 44. En Platón y en el pensamiento cristiano, la vida contemplativa se había situado por encima de la vida activa. La modernidad implica una ruptura de la relación entre ambas y, conforme se ha señalado, Marx propone una inversión, la acción al servicio del pensamiento. Para Arendt, la vida activa no es ni inferior ni superior a la vida contemplativa, pero, en ella, el interés de las distintas actividades no es el mismo. Arendt, H., *La condición humana,* cit., p. 42.

[267] Arendt, H., *Entre le pasado y el futuro...*, cit., p. 46.

[268] Arendt, H., *Entre el pasado y el futuro...*, cit., p. 46.

> y cuyos «crímenes» no se pueden juzgar según las normas de la moral tradicional ni castigar dentro de la estructura legal de nuestra civilización, rompió la continuidad de la historia de Occidente. La ruptura de nuestra tradición es hoy un hecho consumado: no se trata del resultado de la elección deliberada de nadie ni es tema de una decisión posterior"[269].

Sin embargo, el método de los autores citados permitió identificar nuevos problemas cuya solución escapaba a las claves de la tradición occidental de pensamiento político. Considera que cada uno de ellos se rebela contra un aspecto en el que el esquema tradicional había devenido insuficiente. De este modo, Kierkegaard, con el salto de la duda a la fe, constituye la respuesta a la falta moderna de fe en dios y en la razón que considera derivada de la duda metódica cartesiana "con su sospecha subyacente de que las cosas pueden no ser lo que aparentan y que un espíritu maligno, maliciosamente y para siempre, podría ocultar la verdad al entendimiento humano"[270]. Por otro lado, Marx da el salto de la teoría a la acción y de la contemplación al trabajo como respuesta a la transformación de la metafísica en filosofía de la historia operada por Hegel; el filósofo fue convertido en historiador "a cuya mirada retrospectiva, si acaso, el fin de los tiempos, el significado de la conversión y del movimiento, no el del ser y la verdad, se revelaría por sí mismo"[271]. Y, finalmente,

> "el salto de Nietzsche desde el reino trascendente no sensual de las ideas y dimensiones al reino sensual de la vida, su «platonismo invertido» o «transvaloración de los valores», como él mismo diría, fue la última tentativa de apartarse de la tradición y su éxito se redujo a ponerla cabeza abajo"[272].

La revolución del pensamiento que, según Arendt, encabezan estos autores, representa el abandono de tres premisas fundamentales que dan pie a las características de la condición humana que subyacen a la tradición moderna de los derechos: la duda cartesiana–la crítica de Kierkegaard es una crítica a la razón y al razonamiento modernos–, la descontextualización y la abstracción de la razón y el menosprecio de los sentidos y de lo material. Así, dice la autora que más importancia que el que tengan en común su autoderrota, la tiene "el hecho de que cada una de las rebeliones parezca concentrarse … contra las supuestas abstracciones de la filosofía y su concepto de hombre como *animal rationale*". Frente al modelo moderno,

> "Kierkegaard quiere fortalecer a los hombres concretos y sufrientes; Marx confirma que la humanidad del hombre consiste en su fuerza pro-

---

269 Arendt, H., *Entre el pasado y el futuro…,* cit., p. 46.
270 Arendt, H., *Entre el pasado y el futuro…*, cit., p. 50.
271 Arendt, H., *Entre el pasado y el futuro…,* cit., p. 50.
272 Arendt, H., *Entre el pasado y el futuro…,* cit., p. 50.

ductiva y activa, a la que en su aspecto más elemental llama fuerza de trabajo; Nietzsche insiste en la productividad de la vida, en la voluntad del hombre y en las ansias de poder"[273],

En su salto, contraponen 'la fe contra el intelecto, la práctica contra la teoría y la vida sensual, perecedera, contra la verdad permanente, invariable y suprasensual'[274], de manera que "los tres cuestionan la jerarquía tradicional de las capacidades humanas o, para decirlo de otra manera, vuelven a la pregunta sobre la cualidad específicamente humana del hombre"[275].

Una ruptura semejante de la tradición, por fuerza debía verse reflejada en un concepto que surge de ella, el de derechos humanos, y de algún modo la gestación de la Declaración Universal trata de dar respuesta desde esa renovación, sin embargo, en el texto, como se ha señalado, vuelven a introducirse, a través de la influencia de la Declaración de Derechos del Hombre y del Ciudadano, los elementos que configuran la concepción tradicional y moderna de los derechos. Al mismo tiempo, los derechos humanos fueron tomados por los 'juristas' que mantuvieron el esquema moderno de interpretación que llevaba a considerarlos como derechos de la 'persona' en sentido jurídico, más que derechos de los seres humanos.

Ya ha sido indicado que según Arendt la libertad surge históricamente como un concepto político. La libertad entendida como libertad interior es posterior, puesto que antes de concebir la libertad como un atributo del pensamiento o una cualidad de la voluntad (en sentido filosófico), la libertad se entendió "como la condición del hombre libre, la que le permitía marcharse de su casa, salir al mundo y conocer a otras personas de palabra y de obra". Con carácter previo, la libertad requiere de la liberación, pero, como se ha señalado, la liberación de las necesidades no constituye la libertad[276], por lo que "la libertad como hecho demostrable y la política coinciden y se relacionan entre sí como las dos caras de una misma moneda"[277].

La idea de derechos que surge de las revoluciones se corresponde más con la liberación que con los derechos que se entendieron como "vida, libertad y propiedad", incluso al extenderse los derechos, la libertad que a ellos se vinculó siguió entendiéndose como libertad de coerción injustificada, lo que la sitúa en la esfera de la libertad de movimientos, y, en este sentido, se concibieron como libertades negativas, cuando "el contenido real de la libertad...

---

273 Arendt, H., *Entre el pasado y el futuro...*, cit., p. 59.
274 Arendt, H., *Entre el pasado y el futuro...*, cit., p. 59.
275 Arendt, H., *Entre el pasado y el futuro...*, cit., p. 65.
276 Arendt, H., *Entre el pasado y el futuro...*, cit., p. 235.
277 Arendt, H., *Entre el pasado y el futuro...*, cit., p. 235.

consiste en participación en los asuntos públicos o en la admisión en la esfera pública"[278]. De este modo afirma, el objetivo de la revolución, no pudieron ser únicamente los derechos,

> "Si la revolución hubiese tenido como objetivo únicamente la garantía de los derechos civiles, entonces no hubiera apuntado a la libertad, sino a la liberación de la coerción ejercida por los gobiernos que se hubiesen excedido en sus poderes y violado derechos antiguos y consagrados"[279].

La idea de libertad de Arendt dista mucho, pues, de "los territorios de la retórica *librecambista*, en la que la libertad significa "culto idolátrico y forzado por el *homo aeconomicus*"[280]. Tal y como se desprende de las reflexiones realizadas, frente a la concepción liberal de la política, la libertad sólo es posible para Arendt en el marco de una organización política. No obstante, no existe una coincidencia entre ambas, libertad y política, lo que, en opinión de la autora, se puso de manifiesto por el surgimiento del totalitarismo y "su presunción de haber subordinado todas las esferas de la vida a las demandas de la política y su reiterada ignorancia de los derechos civiles, sobre todo de los derechos de privacidad y del derecho a liberarse de la política"[281].

Rechazar la confusión entre política y libertad de los totalitarismos no implica, sin embargo, aceptar que la libertad comienza donde termina la política, conforme a la separación que resulta recurrente en la concepción moderna tradicional. En este sentido, Arendt nos muestra que en una buena parte de los pensadores de los siglos XVII y XVIII la libertad política se identifica con la seguridad "el objetivo supremo de la política, «el fin del gobierno» era garantizar la seguridad; a su vez, la seguridad hacía posible la libertad, y la palabra «libertad» designaba una quintaesencia de actividades que se producían fuera del campo político"[282].

A su modo de ver la distancia entre la libertad y la política se amplía con el nacimiento de las ciencias políticas y sociales de los siglos XIX y XX. Y en coherencia con la caracterización que se ha realizado en el capítulo anterior de las relaciones entre la economía y la política en la concepción moderna tradicional,

> "el gobierno, que desde principios de la época moderna se había identificado con el dominio total de lo político, pasó a ser considerado como

---

278 Arendt, H., *Sobre la revolución,* cit., p. 33.

279 Arendt, H., *Sobre la revolución,* cit., p. 32.

280 Flores D'Arcais, P., *Hannah Arendt. Existencia y libertad,* cit. P. 34.

281 Arendt, H., *Entre el pasado y el futuro…*, cit., p. 236.

282 Arendt, H., *Entre el pasado y el futuro…*, cit., p. 237.

el protector oficial del proceso vital –más que de la libertad–, de los intereses de la sociedad y de sus individuos. El criterio decisivo siguió siendo la seguridad, pero no la seguridad individual, antítesis de la «muerte violenta» como en Hobbes (en quien la condición de toda libertad es estar libre del miedo), sino una seguridad que permitiera un desarrollo inalterado del proceso vital de la sociedad como un todo"[283].

La libertad, desde esta concepción, no se considera el objetivo de la política, sino un proceso que se desarrolla al margen y "que en cierto modo configura el límite que el gobierno no debe sobrepasar, a menos que estén en juego la vida misma y sus propensiones y necesidades"[284]. En coherencia con este modelo, los derechos se configuran como límites externos al poder y, ya se ha señalado, es el modelo en el que la libertad aparece como libertad negativa o libertad como no interferencia.

Una lectura en clave moderna de la insistencia de Arendt en la vinculación entre libertad y política permite situarla en la tradición republicana[285]. Ambas concepciones de la libertad se encuentran presentes en la tradición ilustrada[286], la concepción liberal consigue desplazar a la republicana a partir de un determinado momento histórico y con ello, forma parte del modelo moderno tradicional de derechos la idea de que éstos constituyen límites externos al poder.

La necesidad de establecer las condiciones adecuadas para limitar el arbitrio del poder, ocupa un lugar esencial en la concepción republicana de la Política y da lugar al concepto republicano de libertad política. Es en esta tradición en la que podemos encontrar el origen común de la concepción de los derechos como límites al poder –como elementos que estructuran y conforman el poder político–.

De algún modo, la distinción que estableciera Harrington entre el gobierno *de iure*, como época marcada por la prudencia antigua, y el gobierno *de facto*, como época marcada por la prudencia moderna, resulta paralela a la reflexión de Arendt. Al respecto podemos ver cómo Harrington entiende el gobierno *de iure* como aquel tipo de organización en la que el poder político actúa en

---

283 Arendt, H., *Entre el pasado y el futuro*..., cit., p. 237.

284 Arendt, H., *Entre el pasado y el futuro*..., cit., p. 238.

285 "Hannah Arendt fue *republicana* antes del «republicanismo». O, lo que es lo mismo, en su obra hay claros rasgos de una tradición teórica que, con posterioridad, fue codificándose en la filosofía política contemporánea en torno a dicho término", Vallespín, F., "Hannah Arendt y el republicanismo", cit., p. 107.

286 Barranco Avilés, M.C., "Notas sobre la libertad republicana y los derechos fundamentales como límites al poder", Derechos y Libertades, nº 9, 2000, pp. 65-91, p. 85. La discusión sobre el concepto de libertad relacionado con los actuales sistemas de protección de los derechos humanos fue abordada en este trabajo previo.

interés común, se trata del "arte por el cual una sociedad civil de hombres viene a ser instituida y preservada sobre fundamentos de interés comunes o (para seguir a Aristóteles y Tito Livio) es el imperio de las leyes y no el de los hombres"[287].

Por su parte, el gobierno *de facto*, supone que el poder político actúa en interés de quienes lo detentan. De este modo "es un arte por el cual algunos hombres, o unos cuantos, tienen sometida a una ciudad o nación y la rigen de acuerdo con sus intereses privados; lo cual, puesto que las leyes en casos tales son hechas según el interés de un hombre o de unas cuantas familias, puede afirmarse que es el imperio de los hombres y no de las leyes"[288].

Maquiavelo y Hobbes son los ejemplos que cita Harrington de una y otra forma de articular el gobierno y podríamos pensar en que Arendt estaría de acuerdo con esta ubicación de Hobbes. Efectivamente, la autora considera la posibilidad de distinguir dos líneas de pensamiento en la tradición moderna, los que "de verdad pueden llamarse padres de la «ciencia» política, porque se guiaron por los nuevos descubrimientos de las ciencias naturales" [289], cuyo representante 'máximo' es Hobbes, y los que

> "más o menos impertérritos ante estos desarrollos típicamente modernos, se volvieron hacia el pensamiento político de la Antigüedad, no por una predilección por el pasado como tal sino sólo porque la separación entre la Iglesia y el Estado, entre religión y política, había dado lugar a un campo independiente secular y político desconocido desde la caída del Imperio Romano" [290].

De Montesquieu, como hemos visto, toma Arendt la diferencia entre libertad filosófica y libertad política, por otro lado, también de él toma la idea de que la libertad implica capacidad de ejercicio de la libertad, en la medida en que afirma "para Montesquieu y para los antiguos era obvio que un sujeto no podía ser llamado libre cuando carecía de la capacidad de hacer, y no tenía importancia que ese fallo proviniera de circunstancias externas o internas"[291]. La libertad en Arendt no puede entenderse como libre albedrío, puesto que,

> "la necesidad que me impide hacer lo que sé y quiero puede provenir del mundo, de mi propio cuerpo, de la insuficiencia de talentos, dones

[287] Harrington, J., *La república de Océana*, trad. E. Diez Cañedo, Fondo de Cultura Económica, México, 1987, p. 49.

[288] Harrington, J., *La república de Océana*, cit., p. 50.

[289] Arendt, H., *Entre el pasado y el futuro...*, cit., p. 253.

[290] Arendt, H., *Entre el pasado y el futuro...*, cit., p. 253.

[291] Arendt, H., *Entre el pasado y el futuro...*, cit., p. 254.

> y cualidades que el hombre recibe al nacer, y sobre los que cada uno tiene el mismo poder que sobre las demás circunstancias; todos estos factores, sin excluir los psicológicos, condicionan a la persona desde fuera en la medida en que el quiero y el sé, es decir, el yo mismo, están implicados, el poder que se enfrenta a estar circunstancias, que libera, por así decirlo, el querer y el saber de su servidumbre ante la necesidad del pueblo. Sólo cuando el quiero y el puedo coinciden se concreta la libertad"[292].

Esta idea que aparece en la obra de Arendt, aproxima su concepto de libertad al de no dominación, y constituye un elemento interesante en relación con la crítica a la libertad jurídica tal y como se entiende en el modelo moderno tradicional. Efectivamente, en la concepción que de forma predominante ha subyacido a los sistemas de derechos, la libertad se ha venido entendiendo como ausencia de interferencia. Desde este punto de vista, los derechos se han venido concibiendo como espacios de libertad en los que los individuos podían actuar, sin considerar además si los titulares eran o no capaces de ejercer esa libertad.

En la línea de argumentación iniciada, Montesquieu y Hobbes pueden señalarse como exponentes respectivos de los modelos de libertad como no dominación y como no interferencia. En coherencia con la concepción moderna tradicional, la historia del Estado de Derecho ha tendido a reconstruirse en clave de libertad negativa, sin embargo, autores como Harrington o Montesquieu constituyen una parte esencial de la tradición de pensamiento que da lugar al Estado de Derecho y en su obra la libertad se distancia de la idea de no interferencia. Es posible afirmar que precisamente es esta otra forma de entender la libertad la que permite el desarrollo de la idea de límites al poder, en la medida en que, desde concepto negativo de libertad, tal y como lo presenta Berlin, ésta se entiende como libertad natural, de modo que su defensa no tiene consecuencias en cuanto a la estructura del poder, y el discurso sobre el 'gobierno libre' resulta independiente del discurso sobre la libertad individual.

Por el contrario, los autores que conciben la libertad como un concepto político, justifican que la libertad individual sólo es posible si existe un gobierno libre y de ningún modo cuando el gobierno es despótico. Efectivamente, el resultado del gobierno 'conforme a la prudencia antigua' en Harrington es que éste queda sujeto a la legalidad. La libertad de los súbditos en este gobierno *de iure* sólo puede ser entendida como libertad dentro de la ley. Frente a esta idea, se sitúa el concepto de Hobbes de 'libertad como ausencia de oposición', conforme al cual el súbdito únicamente goza de libertad con respecto a aquel

---

292 Arendt, H., *Entre el pasado y el futuro...*, cit., p. 253.

ámbito de conductas en relación con las cuales "el soberano no ha prescrito una norma", sólo entonces "el súbdito tiene libertad de hacer o de omitir, de acuerdo con su propia discreción"[293].

En la tradición republicana, por tanto, no se concibe una contraposición entre libertad y Estado, por el contrario, como hemos visto en Arendt, la organización política constituye una condición de posibilidad de la libertad. Sin embargo, autores como Hobbes, y también como Bentham, que defienden la libertad como no interferencia, asumen que el espacio de libertad queda reducido en la medida en que crece el Estado. La organización política constituye, en este marco, un mal necesario, que se justifica para conseguir otros objetivos también valiosos, pero no la libertad.

En el caso de Hobbes, además, se trata de justificar la necesidad de un poder absoluto, que, por definición, no puede estar sometido a leyes. Así, afirma que "el soberano de un Estado, ya sea una asamblea o un hombre, no está sujeto a las leyes civiles, ya que teniendo poder para hacer y revocar las leyes, puede, cuando guste, librarse de esa ejecución, abrogando las leyes que le estorban y haciendo otras nuevas; por consiguiente, era libre desde antes. En efecto, es libre aquel que puede ser libre cuando quiera. Por otro lado, tampoco es posible para nadie estar obligado a sí mismo, porque quien puede ligar, puede liberar y, por tanto, quien está ligado a sí mismo solamente, no está ligado"[294].

Bentham, como Hobbes, parte del concepto negativo de libertad. También para él, el gobierno se representa como mal necesario. En el caso de Bentham, la justificación del gobierno se encuentra en que éste tiene por función "proteger al hombre contra las penas". Según el autor, el modo en que el gobierno cumple su cometido es a través de la articulación de derechos, pero la contrapartida de los derechos es el sacrificio de la libertad. Del mismo modo, las restricciones a la libertad únicamente se justifican cuando la proporción de infelicidad que producen es menor de la que existiría sin ellas; así, afirma, que "los desfalcos o disminuciones de la libertad son inevitables, y es imposible crear algunos derechos, imponer algunas obligaciones, proteger la persona, la vida, la reputación, la propiedad, la subsistencia, la libertad misma, sino a costa de la libertad"[295].

Si la libertad se entiende como no interferencia, únicamente pueden justificarse desde este concepto ámbitos de incompetencia del poder, pero los criterios que permitan justificar y someter a fines al poder político han de buscarse

---

293 Hobbes, T., *Leviatán*, 4ª. ed., trad. E. Tierno Calvan y M. Sánchez Sarto, Tecnos, Madrid, 1996, p. 166.

294 Hobbes, T., *Leviatán*, cit., p. 170.

295 Bentham, J., *Tratados de legislación civil y penal*, ed. M. Rodríguez Gil, Editora Nacional, Madrid, 1981, p. 105.

en otros argumentos. Ni para Bentham ni para Hobbes la libertad del ciudadano guarda relación con la forma de gobierno.

Por el contrario, el ideal republicano de libertad, en la línea de Arendt, concibe la libertad como un argumento frente a la dominación arbitraria, de forma que, por un lado, sólo es posible en el Estado, y, por otro, requiere que el Estado no sea tiránico. Este es el alcance de la idea de Montesquieu de que la libertad consiste en "poder hacer lo que las leyes permiten"[296]. La libertad como un concepto político únicamente tiene sentido 'en una sociedad en la que hay leyes' y "depende de la tranquilidad de espíritu que nace de la opinión que tiene cada uno de su seguridad". Esta circunstancia, a su vez, exige una determinada constitución del Poder Político que lo convierta en un Gobierno 'no-tiránico'.

Sin embargo, Arendt identifica como uno de "los dogmas del liberalismo" el alejamiento de la libertad del campo político. Este esquema es desde el que se ha dado forma al modelo moderno tradicional de los derechos, la libertad se ha considerado como una cuestión relativa a los espacios privados, pues, señala la autora,

> "según esta misma filosofía, la política debe ocuparse casi con exclusividad del mantenimiento de la vida y de la salvaguardia de sus intereses. Pues bien, cuando la vida está en juego, por definición, las acciones están bajo el imperativo de la necesidad y el campo adecuado para ocuparse de las necesidades vitales es la gigantesca y siempre creciente esfera de la vida social y económica, cuya administración proyectó su sombra en el espacio político siempre desde el principio mismo de la Edad Moderna. Sólo los asuntos exteriores parecen constituir todavía un espacio puramente político, porque las relaciones entre los países aún albergan hostilidades y simpatías que no se pueden reducir a factores económicos Incluso en este caso la tendencia más fuerte es la de considerar los problemas internacionales de las potencias y sus rivalidades como algo que, en última instancia, surge de factores e intereses económicos"[297].

Estas consideraciones dan pie para considerar que el blanco de las críticas de Arendt es un modelo que reproduce en buena medida las características del que Harrington considera 'gobierno de facto' y que la propia autora considera "en contradicción con las teorías sociales de la época moderna"[298].

---

[296] Montesquieu, *Del Espíritu de las Leyes*, 4ª Ed., trad. M. Blázquez y P. de Vega, Tecnos, Madrid, 1998, p. 106.

[297] Arendt, H., *Entre el pasado y el futuro...*, cit., p. 245.

[298] Arendt, H., *Entre el pasado y el futuro...*, cit., p. 247.

En este sentido, identifica distorsiones en el funcionamiento de la democracia norteamericana (cuya revolución toma como ejemplo frente a la francesa o a la bolchevique)[299], que pueden trasladarse a cualquier democracia contemporánea[300]. La autora denuncia la quiebra del espacio público, producida como consecuencia del poder de los medios de comunicación que construyen una opinión pública uniforme y obstaculizan las voces disidentes; los problemas de representación política, y la profesionalización de la clase política. Al respecto, la respuesta de Arendt es la defensa de la libertad política como libertad republicana. En palabras de Vallespín

> "Es obvio que para Arendt el principio regulativo fundamental, como está asociado a una irrenunciable afirmación de la libertad pública, es un concepto de «libertad» positivo ligado a la participación política para el que apenas quedan espacios en el mundo de las democracias contemporáneas"[301].

También Habermas utiliza la recuperación de la concepción republicana de libertad como propuesta frente a las democracias contemporáneas. Es interesante apreciar en qué medida el autor resulta influido por Arendt. Al respecto, Benhabid incide en el modo en que las primeras páginas de "Historia y Crítica de la Opinión Pública" de Habermas "revelan la centralidad del diálogo de Habermas con Hannah Arendt"[302]. Benhabid considera que Habermas está en deuda con Arendt por el redescubrimiento del espacio público, pero también porque la distinción entre labor e interacción que está en el origen de la "acción comunicativa" es deudora de la distinción de Arendt entre 'labor, trabajo y acción', cuestión a la que se hará referencia más adelante. Así pues, afirma, "el descubrimiento de Arendt de la estructura lingüística de la acción humana, en mi opinión, ofrece una de los principales ímpetus a la subsecuente teoría de la acción comunicativa en Habermas. El concepto de Arendt de espacio público es el segundo, e igualmente importante, legado conceptual que impartió a Habermas"[303].

Tanto Habermas, como Arendt, en opinión de Benhabid, recurren a la tradición republicana de la libertad para restituir la dignidad de la política. La importancia otorgada por Habermas al concepto de espacio público, lo sitúa en la línea de Arendt en la medida en que "después de *La Condición Humana, La Transformación Estructural de la Esfera Pública,* de Jurgen Habermas fue el

---

299 Arendt, H., *Sobre la revolución,* trad. Pedro Bravo, Alianza, Madrid, 2013.
300 Vallespín, F., "Hannah Arendt y el republicanismo", cit., p. 135.
301 Vallespín, F., "Hannah Arendt y el republicanismo", cit., p. 137.
302 Benhabid, S., *The Reluctant Modernism of Hannah Arendt,* cit., p. 199.
303 Benhabid, S., *The Reluctant Modernism of Hannah Arendt,* cit., p. 199.

primer trabajo en llamar la atención sobre la centralidad de este concepto para la política moderna, como contrapuesta a la antigua". Sin embargo, Habermas se muestra más dispuesto a aceptar elementos de la modernidad que Arendt.

En este sentido es posible concluir primero que, por oposición a la idea arendtiana de que la modernidad supuso el declive de la esfera pública, Habermas sitúa en la ilustración el surgimiento de una nueva esfera de publicidad que se abre paso como "el público de los individuos que razonan juntos sobre asuntos públicos", aun cuando el público "se forma cada vez más a través de medios de comunicación impersonales como la imprenta, boletines, novelas y revistas literarias y científicas"[304]. En segundo término, además, para Habermas el público se convierte en una comunidad virtual de lectores, escritores e intérpretes, de modo que la esfera pública no es sólo, ni incluso principalmente una arena de acción, sino un medio impersonal de comunicación, información y formación de opinión.

En Hannah Arendt, la preocupación por la comprensión de la acción en el espacio de las apariencias, desde un modelo de relaciones humanas cara a cara, oscurece, según Benhabid, la relevancia del concepto de esfera pública para una teoría de la *legitimidad democrática*, sin embargo, este vínculo puede ser reestablecido a través de Habermas.

Para Benhabid, por otro lado, el espacio público en Arendt tiene dos funciones, en primer lugar, una función holística, dado que la colectividad se reconoce a sí misma a través de un repertorio interpretativo compartido. Por otra parte, el espacio público adquiere una función epistémica en relación con la mentalidad ampliada, que resulta especialmente visible en la distinción entre lo social y lo político de Arendt tal y como es interpretada por Benhabid:

> "lo que constituye la actitud política auténtica es la capacidad y la disposición a participar en la mentalidad ampliada; ofrecer razones en público; contemplar el punto de vista de los demás, transformar los dictados del auto-interés en un objetivo público común" [305].

Y en relación con este aspecto, efectivamente, el espacio público "trasciende los límites de la sociedad cara a cara"[306]. Y a este respecto también Benhabid aprecia "interesantes diferencias de énfasis entre las tradiciones más radicales de la democracia participativa y las 'liberales-representativas', de forma que, señala Benhabid, si se toman autores como Rousseau, Jefferson, o el joven Marx como teóricos de la democracia participativa radical, es posible

---

304 Benhabid, S., *The Reluctant Modernism of Hannah Arendt,* cit., p. 200.

305 Benhabid, S., *The Reluctant Modernism of Hannah Arendt,* cit., p. 201.

306 Benhabid, S., *The Reluctant Modernism of Hannah Arendt,* cit., p. 201.

comprobar cómo los tres sitúan el acento en la presencia de la voluntad unida del pueblo "reunido como una comunidad deliberativa o decisional"[307]. De este modo, Benhabid diferencia entre la posición de los 'demócratas participativos', que inciden en la presencia actual del pueblo, y la tradición liberal, que acepta la posibilidad de que el consentimiento se exprese de modos más indirectos a través de instituciones complejas de la sociedad civil tanto como en el Estado.

Asimismo, Benhabid muestra cuatro aspectos en los que "el principio del cuerpo deliberativo soberano de ciudadanos" es problemático: la identidad como inclusión en el cuerpo político implica exclusiones, la complejidad social hace que se altere el significado de lo público y lo privado, la racionalidad de los procedimientos de deliberación colectiva implica la participación de todos aquellos cuyos intereses se vean afectados pero esto no siempre es compatible con la racionalidad, y, finalmente, el mito de la soberanía democrática en el constitucionalismo se caracteriza por la presencia de tribunales que realizan el control de constitucionalidad. En relación con estas cuestiones, concluye la autora mostrando cómo la idea del pueblo soberano que delibera sobre el bien común constituye una ideal regulativo y una ficción constitutiva de la democracia, pero al mismo tiempo "los desarrollos históricos, sociales e institucionales muestran la necesidad de cualificar este ideal" desde la idea de que la extensión del cuerpo político no es cerrada, sino 'esencialmente contestable'. Asimismo, y por lo que respecta a la alteración de lo público y lo privado, resulta necesario incorporar en la toma de las decisiones a las organizaciones representativas de los intereses de la sociedad civil. En tercer lugar, la racionalidad deliberativa requiere tanto procedimientos como instituciones que garanticen la igualdad, la libertad y los derechos de participación de todas las personas que puedan resultar afectadas por las decisiones. Y, por último, los sistemas de control de constitucionalidad deben contemplarse como la formalización de la idea de que las democracias complejas son definidas como "instituciones auto-reguladoras y autocríticas de deliberación, así como de toma de decisiones"[308].

5.5. Lo público, lo privado y lo social

En Arendt, la condición humana es condición política, dado que "todas las actividades humanas están condicionadas por el hecho de que los hombres viven juntos"[309]. Frente a la propuesta del individualismo posesivo del modelo

---

[307] Benhabid, S., *The Reluctant Modernism of Hannah Arendt,* cit., p. 201.

[308] Benhabid, S., *The Reluctant Modernism of Hannah Arendt,* cit., pp. 203-209 ("The Contested Public Sphere: Arendt, Habermas, and Beyond"), p. 208

[309] Arendt, H., *La condición humana,* cit., p. 51.

moderno tradicional, en la que lo que caracteriza al ser humano son, en definitiva, ciertas capacidades intelectuales y la independencia derivada de sus posesiones, para Arendt el ser humano se caracteriza por su actividad. En la teoría de Arendt, existen tres actividades de la vida activa: labor, trabajo y acción y es precisamente esta última la que inserta al individuo en el mundo humano[310].

La distinción en tres niveles de actividades es interpretada por la autora como tres niveles de la condición humana que se corresponden asimismo "a una de las condiciones básicas bajo las que se ha dado al hombre la vida en la Tierra": animal laborans, homo faber y acción[311]. El nivel más bajo de estas actividades es ocupado por la labor, que define como

> "la actividad correspondiente al proceso biológico del cuerpo humano, cuyo espontáneo crecimiento, metabolismo y decadencia final están ligados a las necesidades vitales producidas y alimentadas por la labor en el proceso de la vida. La condición humana de la labor es la misma vida"[312].

Para Arendt, la existencia del *animal laborans* no es específicamente humana, en la medida en que no requiere la presencia de otro, "laborando en completa soledad no sería humano sino un *animal laborans* en el sentido más literal de la palabra"[313]. Por ello la autora critica que en el mundo moderno se ha privado a una parte importante de la humanidad del trabajo, reduciendo su 'empleo' a mera labor. La sociedad de consumo reduce al ser humano a 'animal laborans' y

> "cuanto más fácil se haga la vida en una sociedad de consumidores o laborantes, más difícil será seguir conociendo las urgencias de la necesidad, e incluso cuando existe dolor y esfuerzo, las manifestaciones exteriores de la necesidad apenas son observables. El peligro radica en que tal sociedad, deslumbrada por la abundancia de su creciente fertilidad y atrapada en el suave funcionamiento de un proceso interminable, no sea capaz de reconocer su propia futilidad"[314].

Por otro lado, y mientras la labor se corresponde con actividades naturales, el trabajo guarda relación con lo fabricado, y se define como

---

310 Arendt, H., *La condición humana,* cit., p. 206.
311 Arendt, H., *La condición humana,* cit., p. 35.
312 Arendt, H., *La condición humana,* cit., p. 35.
313 Arendt, H., *La condición humana,* cit., p. 51.
314 Arendt, H., *La condición humana,* cit., p. 147.

"la actividad que corresponde a lo no natural de la exigencia del hombre, que no está inmerso en el constantemente repetido ciclo vital de la especie, ni cuya mortalidad queda compensada por dicho ciclo. El trabajo proporciona un «artificial» mundo de cosas, claramente distintas de todas las circunstancias naturales"[315].

El trabajo, como la labor, puede realizarse en aislamiento, pero de nuevo dejará de ser una actividad humana, en la medida en que "el hombre que trabajara, fabricara y construyera en un mundo únicamente habitado por él seguiría siendo un fabricador, aunque no *homo faber*; habría perdido su específica cualidad humana y más bien sería un dios"[316].

Frente a la labor y al trabajo, sólo la acción es exclusiva del hombre en la medida en que "depende por entero de la constante presencia de los demás"[317]. La acción es la condición de la política, en la medida en que se produce entre los hombres (sin mediación de ninguna cosa o materia), y "corresponde a la condición humana de la pluralidad, al hecho de que los hombres, no el Hombre, vivan con la Tierra y habiten en el mundo"[318].

En esta vinculación de la acción con la idea de lo que implica ser específicamente humano, encontramos, como se ha señalado uno de los elementos en los que se pone de manifiesto el republicanismo de Hannah Arendt, la idea de que la libertad es libertad política. En la medida en que, como indica Vallespín, para Arendt, la actividad específicamente humana únicamente puede realizarse en relación con los otros, se requieren instituciones comunes a través de las cuáles la acción se haga efectiva y que al tiempo permitan la acción y preservación de la diferencia. En palabras de Vallespín

"los atributos esenciales de la vida humana solamente pueden realizarse a través de la acción política, en «interacción» con otros; y,..., no puede haber hombres capaces de ejercer su libertad sin un mundo compartido sostenido por instituciones comunes que sea la responsabilidad de todos y se sostenga por la acción de todos...por decirlo en términos del republicanismo clásico, que no puede haber libertad fuera de los Estados libres; que no puede predicarse como libre una sociedad en la que lo público se limita, al modo del liberalismo, a garantizar y preservar las libertades individuales o que, como en el comunitarismo, acaba identificándose con la cristalización de una identidad étnico-cultural específica"[319].

---

315 Arendt, H., *La condición humana,* cit., p. 35
316 Arendt, H., *La condición humana,* cit., p. 51.
317 Arendt, H., *La condición humana,* cit., p. 51.
318 Arendt, H., *La condición humana,* cit., p. 35.
319 Vallespín, F., "Hannah Arendt y el republicanismo", cit., p. 117.

Vallespín considera que las revoluciones norteamericana y francesa son para Arendt el momento en el que se separan 'los componentes más estrictamente liberales de los republicanos', lo que "hace que la aportación de Arendt permita tomar conciencia del elemento específicamente republicano en el establecimiento de la democracia moderna; pero también captar el porqué de su progresivo abandono en la teoría y la práctica política posterior"[320].

Como consecuencia de las reflexiones anteriores, que justifican su concepto republicano de libertad, el espacio público constituye, para Arendt, la esfera en la que los seres humanos se realizan. Frente al menosprecio de esta esfera en la modernidad, Arendt presenta una concepción nostálgica e idealizada de la concepción antigua:

> "La raíz de la antigua estima por la política radica en la convicción de que el hombre *qua* hombre, cada individuo en su única distinción, aparece y se confirma a sí mismo en el discurso y la acción, y que esas actividades, a pesar de su futilidad material, poseen una permanente cualidad propia debido a que crean su propia memoria. La esfera pública, el espacio dentro del mundo que necesitan los hombres para aparecer, es por lo tanto más específicamente «el trabajo del hombre» que el trabajo de sus manos o la labor de su cuerpo»[321].

Frente a esta situación, en la modernidad, según la autora, la hipertrofia de lo social y la exaltación de la vida contemplativa han constreñido el marco de lo público, como único espacio posible para la acción política. Las actividades relacionadas con las necesidades de la vida, sobre todo la racionalidad de la reproducción económica,

> "han ido perdiendo su autonomía, que las ubicaba en un espacio específicamente suyo, y enseguida comenzaron a transgredirlo colonizando el único marco en el que era posible la acción y la libertad. En el mundo del cristianismo mediante la propia negación de la vida activa como un todo y la preeminencia de la vida contemplativa. Pero sobre todo a partir del momento en el que «lo social» acaba por convertirse en el principio regulador de todas las esferas de la vida"[322].

En el esquema de relación entre lo público y lo privado que establece Arendt, se encuentran elementos que alejan su posición de un planteamiento premoderno. Efectivamente, para la autora el hombre es también un animal

---

320 Vallespín, F., "Hannah Arendt y el republicanismo", cit., p. 127-128.

321 Arendt, H., *La condición humana,* cit., p. 233.

322 Vallespín, F., "Hannah Arendt y el Republicanismo", en Cruz, M., (Comp.), *El siglo de Hannah Arendt,* cit., p. 125.

político, sin embargo, conviene recordar que en su planteamiento la igualdad política es igualdad entre iguales (aspecto este en el que se contrapone tanto a la concepción clásica como a la identidad que, en su opinión, la sociedad de consumo asigna a los ciudadanos). Por otro lado, resulta cauta en relación con la pérdida de la propia identidad que podría derivar de la unión de muchos en uno que es 'antipolítica'[323].

En otro orden de consideraciones, en H. Arendt, el espacio público parece ser el espacio de la libertad, mientras el espacio privado se representa como el espacio de la necesidad, condicionado por la biología. Esta estipulación parece implicar un menosprecio de lo biológico, de las actividades privadas y de quienes habitan en los espacios públicos, que resultaría avalada por la distinción que realiza la autora entre la vida humana, política, y la vida animal, no política. En este sentido, señala Flores D'Aracais[324]:

> "cuanto más se aleja de la naturaleza, más será la modalidad existencial examinada específicamente humana y podrá legítimamente constituir también un criterio de juicio…En cuanto vida que se reproduce, el hombre no tiene nada de específicamente humano… Sólo con la acción y en la acción el hombre se despoja completamente de la naturaleza".

Asimismo, este mismo autor y a propósito de Arendt, subraya cómo es "la irrepetibilidad del individuo respecto al individuo, la que impide reducir al hombre a naturaleza, a concebirlo como una especie entre las muchas del mundo animal"[325], y más adelante interpreta a la autora en el sentido de que "resulta insostenible la misma categoría de «necesidades» como connotación natural del hombre". Por el contrario, para Flores D'Aracais, en Arendt, "cada necesidad humana se presenta inmediatamente como cultura, nunca como naturaleza", y precisamente por esta razón "las vías de satisfacción son así cambiantes de época a época, de grupo a grupo (a veces de individuo a individuo) también por necesidades elementales, biológicas, como la comida y el sexo"[326].

En esta línea, a partir de las críticas de Arendt, se puede obtener la enseñanza de que no se está tratando a un ser humano como tal si se le recluye en actividades de labor. El ejemplo de la autora es el de los obreros en las cadenas de montaje, con respecto al cual es posible extraer, esta vez con Flores D'Arcais, que "las condiciones sociales del obrero, y la desigual distribución del trabajo creativo entre los individuos, no pueden ser asumidos como *datos* sustancial-

[323] Arendt, H., *La condición humana,* cit., p. 238.
[324] Flores D'Arcais, P., *Hannah Arendt. Existencia y libertad,* cit., p. 48.
[325] Flores D'Arcais, P., *Hannah Arendt. Existencia y libertad,* cit., p. 47.
[326] Flores D'Arcais, P., *Hannah Arendt. Existencia y libertad,* cit., p. 47.

mente inmodificables y por tanto «justicia» deberá significar también igual distribución de esta pena"[327]

Sin embargo, no parece que Arendt esté negando que los seres humanos tengan necesidades y que este aspecto sea relevante en la caracterización de la condición humana, por el contrario, podemos leer

> "Necesidades y vida están tan íntimamente relacionadas, que la propia vida se halla amenazada cuando se elimina por completo a la necesidad. Porque la eliminación de la necesidad, lejos de proporcionar de manera automática el establecimiento de la libertad, sólo borra la diferenciada línea existente entre libertad y necesidad"[328].

Por otro lado, Paolo Flores atribuye a Hannah Arendt el rechazo de las identidades y la defensa del sujeto universal[329]. Dice Flores a partir de una cita a la autora, que

> "el sujeto neutro universal es, por tanto, el único adecuado en la ciencia empírica (o en la lógica, o en las matemáticas), y no hace hipóstasis de ningún varón, blanco, etc., sino que representa únicamente el texto taquigráfico filosófico para algunas de las capacidades cognitivas de nuestro cerebro"[330].

Sin embargo, en Arendt, como se ha visto, el razonamiento lógico no es pensamiento ni constituye, por tanto, una cualidad que defina el ser humano. Por eso, frente a la interpretación de Arendt que parece desprenderse del planteamiento de Flores, es posible extrapolar, para la construcción de un modelo contemporáneo de derechos, algunas de sus reflexiones en torno a lo que significa ser judío o judía. En este sentido, como subraya Benhabid, para Arendt la 'judeidad' no es un accidente, sino un 'destino'[331] en relación con el cual los

---

[327] Aunque el autor también señala que la técnica impondrá siempre una cierta servidumbre a quien la use", Flores D'Arcais, P., *Hannah Arendt. Existencia y libertad,* cit., p. 51. Y continúa el autor "la esfera económica, por tanto, no puede y no podrá desplegarse como campo de la libertad, de la creatividad. La esfera económica, de la producción de cosas, es independiente y precedente a toda voluntad humana. Plegarse a la naturaleza, precisamente en función de utilizarla, está en la naturaleza de la vida humana en cuanto actividad económica".

[328] Arendt, H., *La condición humana,* p. 86.

[329] Flores D'Arcais, P., *Hannah Arendt. Existencia y libertad,* cit., p. 13.

[330] Flores D'Arcais, P., *Hannah Arendt. Existencia y libertad,* cit., p. 13.

[331] Benhabid, S., *The Reluctant Modernism of Hannah Arendt,* cit., p. 9, "Merece la pena mencionar que, para Arendt, la "judeidad" permite cierto tipo de condición existencial, que ella designa como "fatalidad". En otras palabras, ser judío es una forma de destino –es más que un accidente, porque el destino, aunque accidental determina la vida de uno más fundamental y más continuamente que un accidente".

judíos de su época ya no reclaman la idea ilustrada de la común humanidad, "la fe en que bajo las capas que la cultura, la civilización y la sociedad han impuesto sobre nosotros, todos poseemos fundamentalmente la misma naturaleza humana y la misma capacidad para la razón humana"[332].

Arendt utiliza la imagen del paria y el advenedizo para describir la situación social de los judíos. La posición de paria implica aceptar la alteridad y convierte la cuestión judía en una cuestión de reconocimiento[333], mientras que el advenedizo procura la integración en esa sociedad. En cualquier caso, Arendt presenta la cuestión judía como un asunto político y la distinción que establece la autora entre la posición del paria y del advenedizo en relación con los judíos, puede resultar interesante en relación otras situaciones en las que los derechos son incapaces de operar en contextos de diversidad.

A pesar de que, como pone de manifiesto Benhabid, Arendt no da ese paso[334], en el desarrollo que realiza de los conceptos de paria y advenedizo, a propósito antisemitismo en *Los orígenes del totalitarismo*[335], se encuentran reflexiones extremadamente útiles para comprender las situaciones de exclusión. En mi opinión, el análisis que hace la autora a propósito del tipo de desigualdad al que se enfrentan los judíos puede ayudar a explicar en qué consiste la discriminación estructural. Efectivamente, Arendt huye de la explicación del antisemitismo basada en la teoría de la víctima propiciatoria porque la considera "uno de los principales intentos de escapar a la gravedad del antisemitismo y a lo significativo del hecho de que los judíos se vieran conducidos al centro de los acontecimientos"[336], puesto que oscurece el hecho de que "los judíos, antes de ser las víctimas principales del terror moderno, fueron el eje de la ideología nazi. Y una ideología que tiene que persuadir y movilizar a la gente no puede escoger arbitrariamente a sus víctimas"[337]. Los judíos (y hoy podría predicarse de otras 'víctimas') no son víctimas arbitrarias, 'la catástrofe final que llevó a los judíos tan cerca del completo aniquilamiento'[338] únicamente puede explicarse si se 'desentrañan las claves elementales de la

[332] Benhabid, S., *The Reluctant Modernism of Hannah Arendt,* cit., p. 36.

[333] El paria aceptaba la posición del forastero y retuvo la alteridad o bien negando la diferencia por completo o por una identificación exagerada con los valores y el comportamiento de esa "sociedad cristiana refinada" cuyo reconocimiento buscaba. Bajo estas circunstancias, la "Cuestión Judía" era una cuestión de reconocimiento social: cómo ser miembro pleno de la sociedad burguesa, desde su comercial hasta sus círculos literarios, sin negar al mismo tiempo quién era. Benhabid, S., *The Reluctant Modernism of Hannah Arendt,* cit., p. 37.

[334] Benhabid, S., *The Reluctant Modernism of Hannah Arendt,* cit., p. 149, por ejemplo, en relación con la segregación racial.

[335] Arendt, H., *Los orígenes del totalitarismo*, cit.

[336] Arendt, H., *Los orígenes del totalitarismo*, cit., p. 70.

[337] Arendt, H., *Los orígenes del totalitarismo*, cit., p. 70.

[338] Arendt, H., *Los orígenes del totalitarismo*, p. 71.

creciente hostilidad entre ciertos grupos de la sociedad y los judíos'[339] y entre estas claves se encuentra el sentido que la igualdad asume en Estado-nación.

La ruptura del orden feudal implica el establecimiento de la igualdad política y legal como presupuestos en los que se apoyará el Estado-nación[340] y esta situación (además de las posiciones que desde el siglo XVII ciertos judíos habían venido ocupando en el Estado[341]) afectó a la condición de los judíos, cuyo especial estatus quedó diluido.

Además, subraya Arendt, en Europa esta ruptura no consiguió la 'igualdad de condición social', sino "una simple igualdad ante la ley"[342]. En este escenario, Arendt ve en los judíos una excepción desde el momento en que su estatus no lo determinaba su clase, sino el hecho de ser judíos. Esta reflexión de Arendt se puede extender a otros grupos en el contexto al que se refiere la autora, y desde luego en la actualidad, un ejemplo excelente se encuentra en los romaníes. En este sentido, es posible discrepar de la afirmación de Arendt a propósito de que la igualdad de condición llegó a ser realidad en América.

Efectivamente, en Estados Unidos parece cumplirse el requisito de la igualdad de condición de que "cualquier miembro de cualquier estrato de la sociedad" esté "firmemente convencido de que por su capacidad y suerte podía convertirse en el héroe de una historia de éxito", pero, en primer lugar, se trata de una convicción socialmente extendida referida a la estratificación en clases sociales, que no tiene por qué corresponderse con los hechos. Y, por otro lado, además de la clase, hay otros factores que determinan la condición social, por ejemplo, el sexo.

---

339 Arendt, H., *Los orígenes del totalitarismo,* cit., p. 73.

340 Peces-Barba, G., *Tránsito a la Modernidad y Derechos Fundamentales.*

341 Arendt, H., *Los orígenes del totalitarismo,* cit., p. 76, "en la cumbre de su evolución durante el siglo IX, el estado-nación otorgó a sus habitantes judíos la igualdad en derechos...La ruptura del orden feudal había dado paso al nuevo concepto revolucionario de igualdad, según el cual ya no podía tolerarse «una nación dentro de la nación». Las restricciones y los privilegios de los judíos tuvieron que ser abolidos junto con todos los demás derechos y libertades especiales. Este desarrollo de la igualdad dependió, sin embargo, en buena medida, del desarrollo de una maquinaria estatal independiente que, bien en un despotismo ilustrado, bien en un gobierno constitucional sobre todas las clases y partidos, podía, en su espléndido aislamiento, funcionar, dominar y representar los intereses de la nación en conjunto. Por eso surgió desde finales del siglo XVII una necesidad sin precedentes de crédito estatal y una nueva expansión de la esfera de intereses económicos y empresariales del estado. Ningún grupo de las poblaciones europeas estaba, sin embargo, en situación de conceder créditos al estado o desempeñar un papel activo en su desarrollo empresarial. Era natural que los judíos, con su antigua experiencia de prestamistas y sus relaciones con la nobleza europea –...– fueran convocados a la tarea; al estado, en beneficio de su nueva empresa, le interesaba, naturalmente otorgar a los judíos ciertos privilegios y tratarles como grupo separado".

342 Arendt, H. *Los orígenes del totalitarismo,* cit., p. 77.

Hannah Arendt se fija, asimismo, en la exclusión que supone vincular la protección de los derechos al Estado nacional y la ciudadanía a la nacionalidad. Mención específica merece su posición en relación con el problema de los apátridas. A propósito de esta cuestión, se asombra,

> "ninguna paradoja política contemporánea se halla penetrada de una ironía tan punzante como la discrepancia entre los esfuerzos de idealistas bien intencionados que insistieron tenazmente en considerar «inalienables» aquellos derechos humanos que eran disfrutados solamente por los ciudadanos de los países más prósperos y civilizados y la situación de quienes carecían de tales derechos. Su situación empeoró intensamente, hasta que el campo de internamiento –que antes de la Segunda Guerra Mundial era la excepción más que la norma para los apátridas– se convirtió en la solución rutinaria para el problema del domicilio de las «personas desplazadas»"[343].

La autora muestra cómo incluso se produce en este momento un cambio en la terminología, de modo que se deja de lado el término 'apátrida', que al menos, indica, presentaba la ventaja de suponer un reconocimiento implícito de que esas personas habían perdido de protección de sus gobiernos "y requerían acuerdos internacionales para la salvaguardia de su estatus legal". El nuevo término utilizado fue el que todavía hoy se mantiene de "personas desplazadas", que, afirma

> "fue inventado durante la contienda con el expreso propósito de liquidar de una vez para siempre la condición de apátrida, ignorando su existencia. El no reconocimiento del estado de apátrida significa siempre la repatriación, es decir, la deportación a un país de origen que, o bien se niega a reconocer como ciudadano al repatriado en potencia, o, por el contrario, desea que vuelva urgentemente para castigarle"[344].

A estas situaciones que refleja Arendt, resultan equiparables las de las personas desplazadas que, por situaciones de guerra o de Estado fallido, se han quedado sin Estado al que regresar[345]. Denuncia la autora que en su contexto se produjo la abolición del derecho de asilo, el "único derecho que había llegado a figurar como símbolo de los derechos del hombre en la esfera de las

---

343 Arendt, H., *Los orígenes del totalitarismo,* cit., p. 399-400.

344 Arendt, H., *Los orígenes del totalitarismo,* cit., p. 399-400.

345 Sobre el desplazamiento en nuestro tiempo puede verse el informe publicado anualmente por ACNUR, *Tendencias Globales. Desplazamiento forzado en 2015. Obligados a Huir, http://www.acnur.org/t3/fileadmin/Documentos/Publicaciones/2016/10627.pdf,* última consulta 30 de septiembre de 2016.

relaciones internacionales"[346], y critica "los muchos y variados esfuerzos de la profesión legal por simplificar el problema estableciendo una diferencia entre la persona apátrida y el refugiado"[347].

Su reflexión sobre las cuestiones aquí señaladas se puede extender también a las otras condiciones para la ciudadanía que han sido replanteadas históricamente. Y es que, aunque con ciertos matices, las reflexiones de Arendt sobre los judíos resultan aplicables a otros seres humanos, como a las mujeres. Su despreocupación por la situación de las mujeres causa especial extrañeza, y a propósito de ella incide Benhabid en lo paradójico que resulta la autoconciencia de su condición como judía y la defensa de las dimensiones políticas de ser judía junto con su "casi total silencio acerca de la cuestión femenina" y su olvido de las implicaciones sociales y políticas de ser mujer, e incluso su rechazo de las consecuencias de la liberación femenina en estos ámbitos[348].

En Arendt está presente además la idea de que las exclusiones están respaldadas por estereotipos, en relación con los cuales señala la autora

> "los estereotipos, las frases hechas, los códigos de conducta y de expresión estandarizados, cumplen la función socialmente reconocida de protegernos frente a la realidad, esto es, frente a los requerimientos que sobre nuestra atención pensante ejercen todos los hechos y acontecimientos en virtud de su misma existencia. Si tuviéramos que ceder continuamente a estas solicitudes acabaríamos agotados enseguida; Eichmann se distinguía del resto de nosotros únicamente en que ignoró del todo estos requerimientos"[349].

Por otro lado, a propósito del análisis que realiza Arendt en torno a los riesgos de la igualdad, podemos leer

> "allí donde la igualdad se torna un hecho mundano en sí mismo, sin ninguna regla por la que pueda ser medida o explicada, también hay una

---

346 Arendt, H., *Los orígenes del totalitarismo,* cit., p. 400.

347 Arendt, H., *Los orígenes del totalitarismo,* cit., p. 401, nota 28.

348 Ver Benhabib, S., "La paria y su sombra: sobre la invisibilidad de las mujeres en la filosofía política de Hannah Arendt", trad. M. Hernández, en Cruz Rodríguez, *Revista internacional de Filosofía Política,* nº 2, 1993, pp. 21-35 –también en M. (coord.), *El siglo de Hannah Arendt,* Paidós, 2006, pp. 15-36, p. 21–. Original "The Pariah and Her Shadow", *Political Theory,* nº 23, 1995, pp. 5-24.

349 Arendt, H., *La vida del espíritu. El pensar, la voluntad y el juicio en la filosofía y en la política,* trad. Ricardo Montoro Romero y Fernando Vallespín Oña, Centro de Estudios Constitucionales, Madrid, 1984, p. 14. Por referencia a Arendt, H., *Eichmann en Jerusalén. Un estudio sobre la banalidad del mal,* cit.

probabilidad entre cien de que sea considerada como principio viable de una organización política en la que personas de otra manera desiguales tienen derechos iguales; pero existen noventa y nueve probabilidades de que sea confundida con una cualidad innata de cada individuo, que es «normal» si es como todos los demás y «anormal» si resulta ser diferente. Esta perversión de la igualdad, de concepto político en concepto social, es aún mucho más peligrosa cuando una sociedad no deja el más pequeño espacio para los grupos e individuos especiales, porque entonces las diferencias se tornan aún más conspicuas"[350].

Aunque hay sentidos en los que la igualdad social es deseable –especialmente si no consideramos que la igualdad sea lo contrario de la diversidad–, esta relación entre lo normal y lo anormal a la que se refiere la autora se pone también de manifiesto en el contraste entre el tratamiento tradicional de la discapacidad y el llamado modelo social, y puede ser exportado a otras exclusiones. Efectivamente, el tratamiento social, política y jurídicamente diferenciado de las personas con discapacidad se justifica en que no son normales, no obstante, cuando la discapacidad se considera el resultado de la interacción entre las características individuales y el modo en el que la sociedad está construida, la normalidad se evidencia como una cuestión de poder desde la que se define lo anormal. Quienes se amoldan al parámetro de lo 'humano' son los normales, pero en determinados momentos, el parámetro de lo humano ha resultado, como se señalaba, insuficiente para incluir a la mayor parte de la humanidad. De nuevo un buen ejemplo se encuentra en las mujeres, pero también en la cuestión racial a la que Arendt alude a renglón seguido.

La autora, sin embargo, no se detiene en el análisis la relación de supra/subordinación que se establece entre los normales y los no normales. Así cuando señala "como la igualdad exige que yo reconozca a cada individuo como igual, el conflicto entre grupos diferentes que por razones propias sienten repugnancia a otorgarse entre sí esa igualdad básica ha adoptado formas sumamente crueles"[351], no aprecia como, en el caso que está tomando como referencia, pero también en los otros para los que puede ser considerado adecuado este diagnóstico, sólo una de las partes suele estar en situación de 'otorgar la igualdad básica'.

De cualquier modo, Arendt muestra cómo el resultado de aplicar la igualdad ante la ley a una situación en la que "la sociedad, enfrentada con la igualdad política, económica y legal de los judíos, dejó claro que ninguna de sus clases se hallaba preparada para concederles la igualdad social"[352], esto es, en

350 Arendt, H., *Los orígenes del totalitarismo*, cit., p. 128.
351 Arendt, H., *Los orígenes del totalitarismo*, cit., p. 128.
352 Arendt, H., *Los orígenes del totalitarismo*, cit., p. 130.

la que persiste la desigualdad de condición, es que los judíos se sitúan en una posición entre paria y advenedizo.

Por un lado, la condición para la emancipación era la asimilación, con lo que los judíos eran aceptados siempre que se comportasen como no judíos. A consecuencia de lo anterior, cada judío tuvo que decidir "si seguiría siendo un paria y permanecería así fuera de la sociedad, o si se convertiría en un advenedizo"[353]. De este modo, el asunto se convirtió en una cuestión privada escapando a la política, por lo que nuevamente es posible encontrar un paralelismo con la situación de las mujeres.

Sin embargo, la controversia a propósito de Arendt en las autoras feministas es patente. Algunas han acusado a la autora de permanecer "cautiva de modelos masculinizantes de pensamiento"[354]. En los años noventa, sin embargo, el pensamiento de Arendt fue recuperado por el feminismo, que encontró en sus propuestas herramientas útiles para el análisis. En este marco, las autoras se mueven entre la perplejidad y la defensa. Las palabras de Benhabid describen el panorama con respecto a esta cuestión del feminismo de Arendt y también a la relación entre modernidad y premodernidad en su pensamiento. Al respecto, señala la autora cómo la comprensión de Arendt de la sociedad moderna y de los problemas que en ella se presentan es mucho más de la que arrojaría su interpretación desde el modelo de la historia del declive del especio público. Según Benhabid, si bien la primera dimensión está más presente en *La Condición Humana,* en *Los orígenes del totalitarismo,* Arendt se revela como una autora moderna, que enfrenta el problema del imperialismo y los derechos humanos, de las ironías históricas del sionismo y de la búsqueda de una tierra para los judíos en el siglo XX. En su opinión "Hannah Arendt fue una modernista reluctante, pero una modernista a pesar de todo", que "celebró la declaración universal de derechos del hombre y del ciudadano, que dio por hecho que las mujeres tenían derecho a los mismos derechos políticos y civiles que los hombres, y que denunció las aventuras imperialistas... que no midió sus palabras en la crítica a la burguesía y al capitalismo, o en su condena a los modernos movimientos nacionalistas"[355].

A partir de estas consideraciones, Seyla Benhabid realiza el ejercicio de introducir el género como categoría de análisis del pensamiento de Arendt en torno a la separación de espacios. El resultado lleva a la autora, por un lado, a diferenciar en las tareas tradicionalmente asignadas a las mujeres, dos tipos de tareas, las que constituyen labor ('cocinar, limpiar, reparar, arreglar, atender) y las que

---

353 Arendt, H., *Los orígenes del totalitarismo,* cit., p. 142.

354 Hawkesworth, M., "Arendtian politics: Feminism as a test case", *Journal of Women's History,* n 8, vol.1, 1996, pp. 161-171, p. 161.

355 Benhabid, S., *The Reluctant Modernism of Hannah Arendt,* cit., p. 139.

constituyen acción (tener y criar hijos); en la medida en que estas actividades de nacimiento y crianza se desenvuelven en la esfera privada, esta es tan esencial al 'sustento del mundo' como el ámbito público y ello porque "sin la alimentación y protección de los hijos en esta esfera, el espacio público no estaría habitado por individuos, sino por sombras sin yo"[356]. Por otro lado, Benhabid ofrece argumentos a favor de la idea de que la separación entre lo público y lo privado en Arendt resulta no ser tan tajante como inicialmente parece.

En relación con la primera cuestión, señala que en Arendt vemos que el trabajo doméstico es labor, sin embargo, tal y como ha sido tradicionalmente identificado con el dominio de las mujeres, este trabajo incluye no sólo las tareas del hogar, sino también la crianza, y esta actividad se asemeja más a 'la protección, preservación y reparación del mundo' que Arendt asocia al trabajo, que a 'la necesidad cíclica' característica de la labor. Por otro lado, la educación de los hijos implica la transmisión del mundo, y desde luego, no sólo implica la alimentación, sino también el desarrollo de las capacidades emocionales, en la medida en que "los padres preservan y transmiten un mundo a sus hijos mediante la formación de hábitos y la educación moral, cognitiva, cultural y espiritual", también enseñan al niño cómo es el mundo y "qué aspectos del mundo que nos rodea consideramos que vale la pena preservar y cultivar, cuáles aspectos nos hacen sentir como en casa en el mundo"[357].

Ciertamente, resulta desconcertante la desconfianza que muestra Arendt hacia la función política de la educación, desde la que critica el 'ideal educativo', cuya influencia atribuye a Rousseau, "en el que la educación se convertía en un instrumento de la política y la propia actividad política se concebía como una forma de educación"[358]. Y no menos sorprendente resultan su concepción de los niños como "seres humanos que están en vías de serlo pero que aún no lo son por completo"[359], y la perplejidad de la autora a propósito de un modelo educativo que tratando de huir del que considera el 'error básico' de la educación antigua (considerar a los niños 'adultos pequeños'), expone al niño "a lo que más caracteriza al adulto, el aspecto público"[360].

Arendt considera que esta última situación se explica por los prejuicios de su tiempo acerca de la naturaleza privada y del mundo público y del modo en que se relacionan, así, señala,

---

356 Benhabid, S., *The Reluctant Modernism of Hannah Arendt,* cit., p. 233.
357 Benhabid, S., *The Reluctant Modernism of Hannah Arendt,* cit., p. 135.
358 Arendt, H., *Entre el pasado y el futuro*..., cit., p. 273.
359 Arendt, H., *Entre el pasado y el futuro*..., cit., p. 287 y 288.
360 Arendt, H., *Entre el pasado y el futuro*..., cit., p. 288.

> "una peculiaridad de la sociedad moderna, y nada sobreentendida, es que considera la vida, es decir, la vida terrena del individuo y de la familia, como el bien supremo; por esta razón, en contraste con los siglos anteriores, emancipó esa vida y todas las actividades relacionadas con su preservación y enriquecimiento de la ocultación de lo privado, a la vez que las expuso a la luz del mundo público"[361].

Y, continúa afirmando que "ese sentido es el que tiene la emancipación de los trabajadores y de las mujeres, no como personas, desde luego, sino en la medida en que cumplen una función necesaria en el proceso vital de la sociedad"[362]. Sin embargo, la liberación de los niños no puede plantearse en un sentido semejante, pues

> "lo que había significado una verdadera liberación para los trabajadores y las mujeres –porque no eran sólo tales sino además personas, que por tanto tenían derechos en el mundo público, es decir, podían reclamar que querían ver y ser vistos en él, que querían hablar y ser oídos– fue una entrega a traición en el caso de los niños, insertos aún en la etapa en que el simple hecho de la vida y de la crianza supera al factor de la personalidad"[363].

En este contexto, la distinción entre lo privado y lo público es para la autora una garantía de la seguridad que los niños necesitan para madurar antes de ser arrojados al espacio público. Desde este punto de vista, subraya la necesidad de la autoridad en el ámbito educativo y critica la pérdida de la autoridad en 'campos privados y prepolíticos de la familia y de la escuela' que considera ligada a la "pérdida de autoridad en la vida pública"[364]. Y más adelante,

> "el problema de la educación en el mundo moderno se centra en el hecho de que, por su propia naturaleza no puede renunciar a la autoridad ni a la tradición, y aun así debe desarrollarse en un mundo que ya no se estructura gracias a la autoridad ni se mantiene unido gracias a la tradición. Sin embargo, esto significa que no sólo los maestros y educadores sino todos nosotros –en la medida en que vivimos en el mismo mundo que nuestros hijos y con los jóvenes– debemos adoptar hacia ellos una actitud bien distinta de la que tenemos unos ante otros. Debemos separar de una manera concluyente la esfera de la educación de otros campos, sobre todo del ámbito vital público, político, para aplicar sólo a ella un concepto de autoridad y una actitud hacia el pasado que son

---

[361] Arendt, H., *Entre el pasado y el futuro...*, cit., p. 289.
[362] Arendt, H., *Entre el pasado y el futuro...*, cit., p. 289.
[363] Arendt, H., *Entre el pasado y el futuro...*, cit., p. 289.
[364] Arendt, H., *Entre el pasado y el futuro...*, cit., p. 293.

adecuadas en ese campo, pero no tienen una validez general y no deben reivindicar una validez general en el mundo de los adultos"[365].

En lo que se discute en el presente trabajo, la actividad educativa, que Arendt defiende como privada, ya no constituye labor, ni tampoco trabajo, sino acción. En opinión de Benhabid esta interpretación es perfectamente coherente con la interpretación que conduce a ver a Arendt, frente a Heidegger, como la Filósofa de la natalidad. En el análisis que hace de Arendt, Benhabid subraya que "no es un accidente que el pensador que contrarrestó el amor de la filosofía occidental con la muerte con su categoría de "natalidad" –que un niño nace de nosotros– fuera una mujer"[366]. Y, en este sentido, a partir de la importancia que Arendt concede al nacimiento[367] y a la crianza de los hijos como acción, pero al mismo tiempo como acción que no se desenvuelve en público, sino en una esfera en la que han de ser protegidos frente al mundo, se pregunta Benhabid "De hecho, ¿no es la familia, en vez de la esfera pública, ese espacio en el que se despliega la "red de relatos y narraciones" en la que todos nos empujamos al nacer? ¿Somos todos niños en el ámbito privado antes de convertirnos en seres públicos? ¿La acción de educar y educar a los hijos propios es menos significativa que la construcción de las ciudades y la deliberación colectiva sobre lo bueno y lo justo en una comunidad?"[368].

Y es que, por otro lado, la afirmación de Arendt a propósito de que

"vivir una vida privada por completo significa por encima de todo estar privado de cosas esenciales a una verdadera vida humana: estar privado de

[365] Arendt, H., *Entre el pasado y el futuro...*, cit., p. 299. Esta idea genera dudas sobre la posibilidad de adoptar una actitud distinta en cuanto, en definitiva, al reconocimiento de la condición humana en función de la edad del interlocutor, sobre el momento a partir del cuál los 'jóvenes' pueden ser tratados como los 'adultos' se tratan en la esfera pública, y sobre si esto se concibe como un momento o como un proceso. Sobre ello, dice Arendt, sin embargo, "la línea trazada entre los niños y los adultos podría significar que no se puede educar a los adultos ni tratar a los niños como si fueran personas mayores, pero jamás debe permitirse que esa línea se convierta en un muro que separe a los niños de la comunidad de los adultos, como si no compartieran un mismo mundo y como si la niñez fuese un estado humano autónomo, que puede vivir según sus propias leyes. No existe una regla general que fije la posición de la línea divisoria entre la niñez y la edad adulta; esa posición cambia a menudo, según la edad, de un país a otro, de una civilización a otra, e incluso de una persona a otra" (p. 300). Y, al mismo tiempo, "mediante la educación decidimos si amamos a nuestros hijos lo bastante como para no arrojarlos de nuestro mundo y librarlos a sus propios recursos, ni quitarles de las manos la oportunidad de emprender algo nuevo, algo que nosotros no imaginamos, lo bastante como para prepararlos con tiempo para la tarea de renovar un mundo común" (p. 301).

[366] Benhabid, S., *The Reluctant Modernism of Hannah Arendt,* cit., p. 135.

[367] "Ya que la acción es la actividad política por excelencia, la natalidad, y no la mortalidad, puede ser la categoría central del pensamiento político, diferenciado del metafísico", Arendt, H., *La condición humana,* cit., p. 36.

[368] Benhabid, S., *The Reluctant Modernism of Hannah Arendt,* cit., p. 136.

> la realidad que proviene de ser visto y oído por los demás, estar privado de una «objetiva» relación con los otros que proviene de hallarse relacionado y separado de ellos a través del intermediario de un mundo común de cosas, estar privado de realizar algo más permanente que la propia vida"[369]

no puede interpretarse como un menosprecio absoluto a la esfera de lo privado, en la medida en que, como se verá, su crítica a la sociedad de masas se basa en que constituye un modelo que condena a la soledad, en tanto en cuanto afirma que "no sólo destruye la esfera pública sino también la privada, quita al hombre no sólo su lugar en el mundo sino también su hogar privado, donde en otro tiempo se sentía protegido del mundo y donde, en todo caso, incluso los excluidos del mundo podían encontrar un sustituto en el calor del hogar y en la limitada realidad de la vida familiar"[370]. Sencillamente la autora considera insuficiente una vida de reclusión en la esfera privada como vida humana, pero lo anterior no implica que los espacios privados no sean relevantes.

Se ha anunciado que Benhabid también se plantea si no son más 'porosos y frágiles' los muros que Arendt pretende levantar entre lo público y lo privado, dado que "si los miembros adultos regresan a la familia del mundo exterior, ¿cómo y cuánto pueden dejar atrás el mundo del trabajo y la labor al cruzar el umbral?", además, "la familia moderna, como bien sabía Arendt, no es independiente del mercado" y finalmente, "existen también casos en los que no sólo la economía sino también la política penetran en el ámbito de la familia y de las instituciones educativas"[371].

Efectivamente, que Arendt no es ajena a la estrecha relación entre lo público y lo privado se pone de manifiesto en distintos momentos de su trabajo. Por ejemplo, esta relación se observa en su interpretación del modelo griego en el que sin propiedad, que era entendida como algo diferente de la riqueza y hacía más bien referencia a un espacio de privacidad[372], no existía la posibilidad de que un individuo fuera considerado humano:

---

369 Arendt, H., *La condición humana,* cit., p. 78. También señala que la moral cristiana ayudó a olvidar la importancia de lo público en el desarrollo del ser humano: "resulta lógico que el rasgo privativo de lo privado, la conciencia de carecer de algo esencial en una vida transcurrida exclusivamente en la restringida esfera de la casa, haya quedado debilitado casi hasta el punto de extinción por el auge del cristianismo. La moralidad cristiana, diferenciada de sus preceptos religiosos fundamentales, siempre ha insistido en que todos deben ocuparse de sus propios asuntos y que la responsabilidad política constituía una carga, tomada exclusivamente en beneficio del bienestar y salvación de quienes se liberan de la preocupación por los asuntos públicos", p. 79.

370 Arendt, H., *La condición humana,* cit., p. 78.

371 Benhabid, S., *The Reluctant Modernism of Hannah Arendt,* cit., p. 136.

372 "Antes de la Edad Moderna, que comenzó con la expropiación de los pobres y luego procedió a emancipar a las clases sin propiedad, todas las civilizaciones se habían basado en lo

> "no es exacto decir que la propiedad privada, antes de la Edad Moderna, era la condición evidente para entrar en la esfera pública; era mucho más que eso. Lo privado era semejante al aspecto oscuro y oculto de la esfera pública, y si ser político significaba alcanzar la más elevada posibilidad de la existencia humana, carecer de un lugar privado propio (como era el caso del esclavo) significaba dejar de ser humano"[373].

Benhabid subraya como un aspecto más de las implicaciones de lo público y lo privado que "las exigencias de justicia e igualdad exigen vestir relaciones de desigualdad, abuso y opresión, que pueden prevalecer y a menudo prevalecen en estos reinos"[374]. Y concluye,

> "¿Cómo se puede mantener el frágil equilibrio entre lo íntimo y lo público? ¿Cómo podemos alimentar al niño y preservar el mundo, mientras vemos la inevitable y no siempre inaceptable interacción entre trabajo, labor y acción entre la política, el mercado y la familia? Está claro que aquí también debemos pensar con Arendt contra Arendt"[375].

Y esta enseñanza que extrae Benhabid es extensible a las presentes páginas, en la medida en que, a veces a pesar de Arendt, es posible defender que su pensamiento constituye una plataforma adecuada en la construcción de un modelo contemporáneo de derechos. Tendremos ocasión de volver sobre esta vía en torno al análisis de las relaciones entre lo público, lo privado y lo social en Arendt.

En este momento, interesa profundizar un poco más en la propuesta de Benhabid, quien, al mismo tiempo, señala que el mensaje de la vida y de la obra de Arendt es que "lo personal no es lo político". Considera Benhabid al respecto que lo político es el espacio creado en común y lo personal únicamente deviene político cuando una identidad compartida con otras personas es atacada por la sociedad en general, como es el caso de los judíos, las mujeres o los refugiados. Sin embargo, insiste la autora, esta operación "no transforma la identidad sometida al ataque en un proyecto político", por el contrario, es necesario "transcender las vicisitudes de la vida individual y encontrar lo que es compartido por todos en la esfera pública", dado que "la buena política no debe invadir el frágil dominio de los afectos y amistades humanas, ni debe forzar a los individuos a hacer públicos los recovecos sombríos y oscuros del corazón humano"[376].

---

sagrado de la propiedad privada. La riqueza, por el contrario, privadamente poseída o públicamente distribuida, nunca fue sagrada", Arendt, H., *La condición humana,* cit., p. 80.

[373] Arendt, H., *La condición humana,* cit., p. 81.

[374] Benhabid, S., *The Reluctant Modernism of Hannah Arendt,* cit., p. 136.

[375] Benhabid, S., *The Reluctant Modernism of Hannah Arendt,* cit., p. 136.

[376] Benhabid, S., *The Reluctant Modernism of Hannah Arendt,* cit., p. 233.

En relación con lo anterior, un aspecto que resulta de interés para comprender la caracterización de espacios que realiza Arendt lo constituye su desconfianza hacia lo social, como ámbito que no es público, pero que tampoco es absolutamente privado, y que se relaciona con el mercado y la familia[377]. Algunas de las reflexiones de Arendt en relación con esta interpretación parecen situarla nuevamente en una concepción premoderna. Sin embargo, también es posible entender sus reflexiones en el contexto de la crítica a la sociedad de masas, y este parece ser el sentido de su rechazo al crecimiento de la esfera social y de la invasión de la política por parte de la 'racionalidad social'. De algún modo, en el análisis de Arendt, la hipertrofia de lo social hace referencia al solapamiento del ciudadano con el agente económico y a la subordinación de la política a las leyes del mercado, que, conforme se apuntó, constituyen rasgos asociados al modelo moderno tradicional de derechos. Por otro lado, además, el crecimiento desmesurado de lo social disuelve el espacio de lo privado. Finalmente, la hipertrofia de lo social contribuye a la confusión de las esferas pública y privada.

Comenzando por este último aspecto, en el mundo moderno, la importancia conferida a lo social hace que cambie el significado de público y privado, de tal forma que la privacidad asume la función de proteger lo íntimo, que se opone a lo social más que a lo político. En definitiva, Arendt considera un error la identificación entre las esferas política y social, en tanto que implica la disolución de lo privado

> "la distinción entre la esfera privada y pública de la vida corresponde al campo familiar y político, que han existido como entidades diferenciadas y separadas al menos desde el surgimiento de la antigua ciudad-estado; la aparición de la esfera social, que rigurosamente hablando no es pública ni privada, es un fenómeno relativamente nuevo cuyo origen coincidió con la llegada de la Edad Moderna, cuya forma política la encontró en la nación-estado."[378]

La esfera social se representa así como un espacio 'híbrido' en la que los intereses privados adquieren significado público[379]. Y es en este sentido en el que resulta pertinente la conclusión de Benhabid sobre la salvaguarda de lo personal con respecto a lo político. A propósito, merece la pena recordar la reflexión de Arendt en torno al proceso de desintegración de la familia producido por su absorción por la sociedad en su proceso de crecimiento. Así, en

377 Benhabid, S., "La paria y su sombra...", cit., p. 29.
378 Arendt, H., *La condición humana,* cit., p. 55.
379 Arendt, H., *La condición humana,* cit., p. 59.

opinión de la autora, el auge de la sociedad implica, entre otras cuestiones, que la unidad familiar queda disuelta en los distintos grupos sociales

> "la igualdad de los miembros de estos grupos, lejos de ser una igualdad entre pares, a nada se parece tanto como a la igualdad de los familiares antes del despótico poder del cabeza de familia, excepto que en la sociedad, donde la fuerza natural del interés común y de la unánime opinión está tremendamente vigorizada por el puro número, el gobierno verdadero ejercido por un hombre, que representa el interés común y la recta opinión, podría llegar a ser innecesario. El fenómeno del conformismo es característico de la última etapa de este desarrollo moderno"[380]

Por lo que se refiere a la subordinación de la política a la sociedad, Habermas sitúa las bases de este fenómeno, característico del Mundo Moderno, en la Edad Media, en la medida en que en este contexto "no se dio una contraposición entre publicidad y esfera privada según el modelo antiguo (o moderno)"[381].

Para Arendt, es el individualismo de autores como Rousseau y Mill el origen de la sociedad de masas, en la medida en que, en la interpretación que hace de estos autores, se representan a un individuo en abierta rebeldía contra la sociedad. Como consecuencia de lo anterior, la relación entre individuo y sociedad asume un carácter conflictivo, de forma que "el individuo moderno, que ya no es tan moderno, forma parte de la sociedad" pero al mismo tiempo trata de autoafirmarse frente a esta sociedad "que siempre obtiene de él lo mejor"[382].

En los siglos XIX y XX, la sociedad estaba restringida a 'ciertas clases de población', de modo que el individuo tenía la posibilidad de sobrevivir a la presión social refugiándose en 'estratos no-sociales'. En este contexto considera Arendt que fue precisamente la sociedad más que el Estado o el gobierno, la destinataria de los 'impulsos revolucionarios' y la explicación la sitúa no sólo en la cuestión social ("con su doble dilema de miseria y explotación")[383], también en la 'corrupción e hipocresía de los salones'. En la actualidad, en la medida en que la sociedad 'abarca todos los estratos de la población', se han cerrado las vías de escape para el individuo. Uno de los aspectos que resultan monopolizados por la sociedad es la cultura, que queda reducida a bienes de consumo para el entretenimiento de las masas.

---

[380] Arendt, H., *La condición humana,* cit., p. 63.

[381] Habermas, J., *Historia y crítica de la opinión pública. La transformación estructural de la vida pública,* trad. A. Domènech en col. Con R. Grasa, 2ª edición, Ed. Gustavo Gili, Barcelona, 1982, p. 47.

[382] Arendt, H., *Entre el pasado y el futuro...*, cit., p. 307.

[383] Arendt, H., *Entre el pasado y el futuro...*, cit., p. 308.

Efectivamente, en la interpretación de Vallespín, el sentido último de la distinción de Arendt entre lo público y lo privado[384] es expresar cómo cada una de las actividades ha perdido su autonomía colonizando la política, "en el mundo del cristianismo mediante la propia negación de la vida activa como un todo y la preeminencia de la vida contemplativa. Pero sobre todo a partir del momento en que «lo social» acaba por convertirse en el principio regulador de todas las esferas de la vida"[385]. Especialmente interesante resulta la reflexión del autor sobre el modo en el que para Arendt la racionalidad de la reproducción puramente económica sustituye la libertad por una situación en la que las cuestiones políticas se presentan como cuestiones técnicas y "no es ya la comunicación abierta y la libre deliberación lo que decide cómo debemos de vivir, sino la necesidad de reproducción del sistema. Un sistema que carece, además, de objetivos más allá de la pura lógica utilitaria"[386].

Así, en la crítica de Arendt a la sociedad de masas se contiene toda una propuesta frente a una sociedad homogeneizadora que se articula sobre la base de la integración. Así muestra la autora cómo la sociedad impone normas orientadas a «normalizar a sus miembros» de modo que la igualdad moderna supone "el reconocimiento legal y político del hecho de que la sociedad ha conquistado la esfera pública, y que distinción y diferencia han pasado a ser asuntos privados del individuo"[387].

Es en este escenario en el que se sientan las bases para el nuevo rol de la economía y de la estadística:

> "la economía –hasta la Edad Moderna una parte no demasiado importante de la ética y de la política, y basada en el supuesto de que los hombres actúan con respecto a sus actividades económicas como lo hacen en cualquier otro aspecto– sólo pudo adquirir carácter científico cuando los hombres se convirtieron en seres sociales y unánimemente siguieron ciertos modelos de conducta, de tal modo que quienes no observaban las normas podían ser considerados como asociales o anormales"[388].

Por otro lado, y en opinión de la autora, el desarrollo de la estadística requiere de la sociedad de masas, en la medida en que

---

384 A partir de la cual recuerda, "cabe introducir todo un conjunto de polarizaciones típicamente arendtianas: libertad frente a necesidad; acción frente a producción; hechos y palabras frente a cosas o productos; durabilidad frente a permanencia; felicidad pública frente a satisfacciones privadas, poder frente a violencia", Vallespín, F., "Hannah Arendt y el republicanismo", cit., p. 125.

385 Vallespín, F., "Hannah Arendt y el republicanismo", cit., p. 125.

386 Vallespín, F., "Hannah Arendt y el republicanismo", cit., p. 126.

387 Arendt, H., *La condición humana,* cit., p. 64.

388 Arendt, H., *La condición humana,* cit., p. 65.

> "las leyes de la estadística sólo son válidas cuando se trata de grandes números o de largos períodos, y los actos y acontecimientos sólo pueden aparecer estadísticamente como desviaciones o fluctuaciones. La justificación de la estadística radica en que proezas y acontecimientos son raros en la vida cotidiana y en la historia"[389].

La estadística permite aplicar a la realidad un tratamiento matemático, pero Arendt previene frente a ella porque considera que presupone una armonía de intereses que se basa en una "ficción comunista" introducida por los "economistas liberales":

> "la uniformidad estadística no es en modo alguno un ideal científico inofensivo, sino el ya no secreto ideal político de una sociedad que, sumergida por entero en la rutina del vivir cotidiano, se halla en paz con la perspectiva científica inherente a su propia existencia. La conducta uniforme que se presta a la determinación estadística y, por lo tanto, a la predicción científicamente correcta, apenas puede explicarse por la hipótesis liberal de una natural «armonía de intereses», fundamento de la economía «clásica»; no fue Karl Marx, sino los propios economistas liberales quienes tuvieron que introducir la «ficción comunista», es decir, dar por sentado que existe un interés común de la sociedad como un todo, que con «mano invisible» guía la conducta de los hombres y armoniza sus intereses conflictivos"[390].

La característica más sobresaliente de este escenario es que la ficción está "gobernada por una «mano invisible», es decir, por nadie"[391]. Y en este marco, la autora presenta la burocracia como 'la más social forma de gobierno' puesto que es el 'gobierno de nadie', lo que no significa necesariamente no-gobierno, sino que "bajo ciertas circunstancias, incluso puede resultar una de sus versiones más crueles y tiránicas".

En relación con las dificultades para entender la división de esferas entre lo público y lo privado que genera el auge de la sociedad, Arendt desarrolla su idea de que la esfera doméstica está vinculada a la necesidad, mientras la esfera pública se conecta con la libertad. Y toma como ejemplo su propia interpretación del modo en el que esta distinción se produce en Grecia, donde, opina, ambas esferas aparecen relacionada en la medida en que "resultaba lógico que el dominio de las necesidades vitales en la familia fuera la condición para la libertad de la *polis*"[392].

---

389 Arendt, H., *La condición humana,* cit., p. 65.
390 Arendt, H., *La condición humana,* cit., p. 66.
391 Arendt, H., *La condición humana,* cit., p. 67.
392 Arendt, H., *La condición humana,* cit., p. 56.

Sin embargo, en Grecia la política no se considera exclusivamente una función de la sociedad, frente a lo que, según Arendt, ocurre en la Edad Media, en la que la política se dirige a proteger a la sociedad, en tanto en cuanto se orienta a proteger al fiel; y en contra también de lo sucedido en la Edad Moderna, en la que la política protege "a los propietarios, como en Locke", o a "una sociedad inexorablemente comprometida en un proceso adquisitivo, como en Hobbes", o a "una de productores, como en Marx", o de "empleados como en la nuestra, o de trabajadores, como en los países socialistas y comunistas". En las concepciones citadas, "la libertad (en ciertos casos la llamada libertad) de la sociedad es lo que exige y justifica la restricción de la autoridad política. La libertad está localizada en la esfera de lo social, y la fuerza o violencia pasa a ser monopolio del gobierno"[393].

Por el contrario, en Grecia, se justificaba además el ejercicio de la fuerza por parte del cabeza de familia sobre parientes y esclavos, de modo que la esfera privada se representa como un espacio jerarquizado en el que el padre de familia ejerce su gobierno. Y ello porque, dado que el hombre es un ser social, el estado prepolítico no es un estado de naturaleza. Frente a ello, la polis es el espacio de los iguales, en la medida en que "ser libre significaba no estar sometido a la necesidad de la vida ni bajo el mando de alguien y no mandar sobre nadie, es decir ni gobernar ni ser gobernado"[394].

En la Edad Media, la esfera privada crece (hasta el punto de que el señor feudal –que identifica la autora con el antiguo jefe de familia– administra justicia en el territorio)[395] y disuelve la política, pero no hay un espacio para lo social. La sociedad emerge en la Edad Moderna, borrando la separación entre lo público y lo privado y, como se ha señalado, redefiniendo sus contenidos.

En esta interpretación que realiza Arendt, aparecen al menos dos diferencias con la concepción griega y con la del modelo moderno tradicional, que colocan a la autora en una mejor posición para extraer orientación con respecto al presente. En primer lugar, la libertad en Grecia se concibe como libertad positiva y no en el sentido moderno de libertad negativa; ya hemos tenido ocasión de señalar cómo la idea de libertad que maneja Arendt se corresponde más con una interpretación republicana de la política y que, en este sentido, es posible una lectura de la autora en clave de Modernidad.

La segunda cuestión tiene que ver con que, según la autora, en Grecia, la igualdad es una condición política, mientras la esfera de lo privado es la esfera de los desiguales y del gobierno, de modo que "la igualdad, lejos de estar re-

---

393 Arendt, H., *La condición humana,* cit., p. 56.

394 Arendt, H., *La condición humana,* cit., p. 57.

395 Arendt, H., *La condición humana,* cit., p. 59, se refiere también a los gremios y a las sociedades mercantiles.

lacionada con la justicia, como en los tiempos modernos, era la propia esencia de la libertad: ser libre era serlo de la desigualdad presente en la gobernación y moverse en una esfera en la que no existían gobernantes ni gobernados"[396]; sin embargo, para Arendt, conforme se ha mostrado, la diversidad en lo privado no implica una jerarquía de los seres humanos. En el modelo moderno tradicional la esfera social, no ya la privada, se entiende que es el espacio de la igualdad y de la autonomía, pero también de la homogeneidad.

Ya se ha mostrado cómo Benhabid identifica algunos temas en el pensamiento arendtiano que aquí resultan especialmente relevantes para comprender el potencial de esta autora en el fundamento del modelo contemporáneo de derechos. En relación con esta cuestión, son de interés sus reflexiones a partir de la biografía de Arendt a Rahel Varnhagem[397]. En este trabajo, identifica Benhabid tres ideas a partir de las cuáles es posible extraer enseñanzas; lo judío como una suerte de 'destino' que determina la vida, no, por tanto, como un accidente; el papel de los salones, que pueden ser representados como una suerte de 'esfera pública femenina'; y, directamente en relación con el tema que nos ocupa, el ascenso de lo social [398]. Ya se ha hecho referencia en estas páginas a que Benhabid, con Arendt y contra Arendt, pone en tela de juicio la distinción arendtiana entre lo público y lo privado para rescatar la importancia de ciertas tareas que en el pensamiento de Arendt son centrales y están vinculadas con la acción (el nacimiento y la crianza). De igual forma, hemos visto que Benhabid también replantea su distinción entre lo social y lo político.

En su opinión, además, existen tres procesos que Arendt considera sociales: incremento de las relaciones de intercambio de mercancías en una economía capitalista, los modelos de comportamiento de los individuos en una sociedad de masas, y "los procesos culturales de asociación, interacción y sociabilidad que surgen del proceso de modernización occidental en la transición del antiguo régimen a la sociedad civil moderna"[399]. La crítica de Arendt, en la lectura de Benhabid, con la que coincido, se dirige a los primeros, no al último de los aspectos citados.

Por otro lado, también muestra Benhabid cómo es posible establecer tres niveles de análisis en el uso que realiza Arendt de la distinción entre social y político. Por un lado, la dicotomía se refiere a distintos contenidos, de forma que las cuestiones sobre la distribución son sociales, mientras los debates sobre la vida juntos como colectividad son políticos. Guarda relación también

---

[396] Arendt, H., *La condición humana*, cit., p. 58.

[397] Arendt, H. (1957), *Rahel Varnhagen. La vida de una mujer judía,* trad. D. Najmías, Lumen, Barcelona, 2000.

[398] Benhabid, S., *The Reluctant Modernism of Hannah Arendt*, cit., pp. 1-34.

[399] Benhabid, S., *The Reluctant...,* cit., p. 139.

con las actitudes, y, en este nivel, es social la actitud de preocupación por cuestiones económicas que vincula con la mentalidad de la burguesía[400]. Finalmente, se trata de una distinción institucional, en la medida en que político hace referencia a la esfera pública del Estado y las instituciones y lo social a la economía y a la sociedad civil.

Estas distinciones resultan, para Benhabid, problemáticas, dado que no se puede entender que lo político pueda referirse a unos asuntos predeterminados ni tampoco a lo institucional. No se refiere a asuntos predeterminados porque esta distinción podría ocultar el hecho de que si las cuestiones económicas se sustraen de la esfera de lo político se corre el riesgo de oscurecer las relaciones de poder que se producen en este ámbito, así como que la distribución no sólo se refiere a las mercancías, sino también al acceso a los recursos y a los procesos de toma de decisiones El ejemplo que utiliza Benhabid es el que se refiere a la discusión sobre la jornada laboral, que fácilmente se convierte en un debate tan relevante para la vida en común como el valor que la colectividad atribuye al trabajo frente a la sociabilidad cívica o a la vida familiar[401]. Y efectivamente, tal caracterización de lo político sería contradictoria con el papel que Arendt atribuye a los movimientos obreros en tanto que movimiento político.

Tampoco parece que tenga sentido asumir lo político como lo institucional, porque en este caso coincidiría con lo público. El modo en el que Benhabid considera defendible el planteamiento de Arendt es referir la distinción a una cuestión actitudinal, de forma que la actitud política implica la generalizabilidad de las reivindicaciones, así pues

> "involucrarse en la política no significa abandonar las cuestiones económicas o sociales; significa luchar por ellos en nombre de principios, intereses, valores que tienen una base generalizable y que nos conciernen como miembros de una colectividad. Lo político de Arendt implica la transformación de la perspectiva parcial y limitada de cada clase, grupo o individuo en una visión más amplia de la "mentalidad ampliada""[402].

La propuesta de Benhabid es extender la actitud política a los temas sociales. Interpretando el pasaje de *On Revolution* en el que Arendt concluye sus reflexiones sobre la revolución americana como un ejemplo de la capacidad

---

[400] Benhabid, S., *The Reluctant Modernism of Hannah Arendt,* cit., p. 140, "para Arendt la ilustración más vívida de esta mentalidad es las aventuras imperialistas de la burguesía y la ambición de esta clase por transformar el estado en una sociedad anónima que únicamente proteja sus intereses".

[401] Benhabid, S., *The Reluctant Modernism of Hannah Arendt,* cit., p. 140.

[402] Benhabid, S., *The Reluctant Modernism of Hannah Arendt,* cit., p. 145.

de los seres humanos de construir el mundo a partir de su capacidad para hacer y mantener, señala que la creación del espacio público implica articular un espacio de comparecencia en el que la acción y el discurso adquieren visibilidad y forma, sin embargo, confiesa también que la lectura de Arendt sigue resultando desconcertante en la medida en que su propuesta únicamente puede aceptarse si se defiende, como intenta hacer, la independencia de lo político con respecto a lo económico, lo social e incluso lo íntimo. Pero, se pregunta esta vez Benhabid, qué pensaría Arendt si esta forma de relaciones humanas basadas en las promesas mutuas entre iguales fuera extendida a los espacios económico, social e íntimo[403].

Por otro lado, la crítica de Arendt a lo social muestra un aspecto interesante desde el punto de vista de los derechos humanos, que es que no se trata de un espacio homogéneo y nivelado. La sociedad civil no es, como plantea en ocasiones el liberalismo, el espacio de las relaciones entre iguales que compiten en condiciones de mercado por los recursos. En este sentido, Benhabid critica el intento de Arendt de diferenciar lo político y lo económico mediante la separación entre libertad y la necesidad; frente a Arendt, señala Benhabid, en la medida en que 'el reino de la necesidad' está permeado por relaciones de poder toda economía es economía política:

> "El intento de Arendt de separar lo político de lo económico a través de una división ontológica entre libertad y necesidad es, como he argumentado, inútil e inverosímil. El reino de la necesidad está permeado por las relaciones de poder: el poder sobre la distribución del trabajo, de los recursos, sobre la autoridad, y así sucesivamente. No hay organización neutral y no política de lo económico; toda la economía es economía política. Incluso el trabajo doméstico está permeado por relaciones de poder basadas en el género y la división sexual del trabajo en la familia"[404].

En cualquier caso, y otra vez frente a Flores D'Arcais, quien insiste en el menosprecio de Arendt por lo privado, parece que una comprensión más adecuada de Arendt sería la que, en la línea de Benhabid, permite utilizarla como base para la reconstrucción de los espacios con respecto al modo en el que hemos visto que éstos se relacionan en el modelo moderno tradicional. Asimismo, y a pesar de las críticas, el trabajo de Arendt da pie para reivindicar, creo, el espacio de lo social entre lo político y lo privado. Arendt menosprecia lo privado, si lo privado es entendido como el ámbito en el que opera el interés particular, blindado a la esfera de la política, sin embargo, con respecto a la

---

403 Benhabid, S., *The Reluctant Modernism of Hannah Arendt,* cit., p. 166.

404 Benhabid, S., *The Reluctant Modernism of Hannah Arendt,* cit., p. 158.

cuestión judía, y a pesar de sus relaciones conflictivas con el feminismo, pone de manifiesto que las cuestiones personales pueden ser entendidas como cuestiones políticas, al menos en el sentido de que la reclusión en el espacio privado supone un obstáculo a la realización de los seres humanos. De este modo, si bien es cierto que señala "unificando sociedad civil y esfera pública no se combate la alienación sino que se *crea* alienación, bien entendidos, *burgeois* y *citoyen* deben quedar como lados necesariamente separados pero ambos practicables de un individuo"[405], también lo es que afirma que "cada uno debe poder ser tanto *burgeois* como *citoyen*, tanto hombre público como hombre privado" [406]. No resulta sin embargo tan aceptable, si se toma como punto de partida la propuesta de Benhabid sobre la introducción de la actitud política a las cuestiones privadas, y si se considera, por otro lado, que la economía es siempre economía política, que la condición inevitable del hombre privado sea la 'heteronomía'[407]. Arendt critica que la racionalidad económica haya invadido la política, la reconstrucción de su pensamiento podría pasar por extender algunos de los elementos que configuran el espacio público para revertir las situaciones de dominación y opresión que se producen en la sociedad.

De nuevo en la interpretación que, siguiendo a Benhabid y tal vez contra Arendt, se propone, no parece que las condiciones de los espacios sociales sean totalmente indiferentes para la organización de los espacios públicos. Por ejemplo, Arendt incide en el problema que supuso que los judíos no compartieran la misma 'condición social', o indica cómo la condición de pobreza, que "puede llevar al hombre libre a comportarse como un esclavo"[408], o la obsesión consumista, impiden que los hombres sean ciudadanos[409]. En este sentido, Benhabid insiste en la potencialidad de Arendt para la reconstrucción de la esfera privada (social), sin la que no se puede recobrar el mundo público[410].

Por otro lado, la controvertida distinción de Arendt entre lo público y lo privado, permite revisar las relaciones entre la publicidad y la privacidad con respecto al modo en el que vienen operando en el esquema moderno tradicional. Efectivamente, la autora sitúa la distinción entre una y otra esfera, si se toma desde el punto de vista de lo privado, en la diferencia entre lo que debe ser mostrado y lo que debe permanecer oculto, "pero resulta sorprendente que

405 Flores D'Arcais, P., *Hannah Arendt. Existencia y Libertad,* cit., p. 69.

406 Flores D'Arcais, P., *Hannah Arendt. Existencia y Libertad,* cit., p. 69.

407 Flores D'Arcais, P., *Hannah Arendt. Existencia y Libertad,* cit., p. 69.

408 Arendt, H., *La condición humana,* cit., p. 82. Asimismo, en *Sobre la Revolución,* afirma que W la cuestión social comenzó a desempeñar un papel revolucionario solamente cuando, en la Edad Moderna y no antes; los hombres empezaron a dudar que la pobreza fuera inherente a la condición humana", cit., p. 23.

409 Flores D'Arcais, P., *Hannah Arendt...,* cit., p. 109.

410 Benhabid, S., *The Reluctant Modernism of Hannah Arendt,* cit., p. 215.

desde el comienzo de la historia hasta nuestros días siempre haya sido la parte corporal de la existencia humana lo que ha necesitado mantenerse oculto en privado" [411]. A lo largo de la historia, la delimitación ha variado, de modo que en la etapa premoderna se reservaban a la privacidad las actividades orientadas a la subsistencia del individuo y a la supervivencia de la especie:

> "Apartados estaban los trabajadores, quienes "con su cuerpo atendían a las necesidades (corporales) de la vida", y las mujeres, que con el suyo garantizaban la supervivencia física de la especie. Mujeres y esclavos pertenecían a la misma categoría y estaban apartados no sólo porque eran la propiedad de alguien, sino también porque su vida era «laboriosa», dedicada a las funciones corporales" [412].

En la Edad Moderna, la emancipación de mujeres y trabajadores es interpretaba como característica "de una época que ya no cree que las funciones corporales y los intereses materiales tengan que ocultarse", pero "los pocos residuos de lo estrictamente privado se relacionan, incluso en nuestra propia civilización, con las «necesidades» en el sentido original de ser necesarias por el hecho de tener un cuerpo"[413]. Sin embargo, "en modo alguno es cierto que sólo lo necesario, lo fútil y lo vergonzoso tengan su lugar adecuado en la esfera privada. El significado más elemental de las dos esferas indica que hay cosas que requieren ocultarse y otras que necesitan exhibirse públicamente para que puedan existir"[414].

Ya hemos visto con Benhabid que algunas actividades de la acción se desenvuelven en privado y otras se corresponden con el espacio público. Benhabid considera asimismo que el pensamiento actual está en deuda con Arendt por su percepción de la interdependencia entre lo público y lo privado y porque permite ver que el equilibrio humano y la integridad psíquica únicamente pueden mantenerse si lo privado y lo público se relacionan de una forma adecuada. Para Arendt, en este contexto, dice Benhavid, la privacidad no es, como en la concepción moderna, libertad religiosa y de conciencia, ni guarda relación con la riqueza económica, sino con "la necesidad de que algún aspecto de la esfera "doméstica-íntima" se oculte del resplandor del ojo público"[415]. La cuestión entonces es qué aspecto de la esfera que ahora es "íntima" debe protegerse de la acción política y al respecto, aprecia Benhabid "un encuentro sorprendente entre las preocupaciones feministas contemporáneas y la teoría política de Arendt" [416].

---

[411] Arendt, H., *La condición humana,* cit., p. 87.
[412] Arendt, H., *La condición humana,* cit., p. 87.
[413] Arendt, H., *La condición humana,* cit., p. 87.
[414] Arendt, H., *La condición humana,* cit., p. 88.
[415] Benhabid, S., *The Reluctant Modernism of Hannah Arendt,* cit., p. 212.
[416] Benhabid, S., *The Reluctant Modernism of Hannah Arendt,* cit., p. 212.

La respuesta a esta pregunta resulta sugerida por Young. Efectivamente, en relación con la idea de Arendt de que algunas actividades requieren ocultarse y otras deben realizarse en público para existir, Young sugiere que "en lugar de definir lo privado como lo que el público excluye", es preciso considerarlo "como el aspecto de su existencia y actividad que toda persona tiene el derecho a excluir de los otros", por tanto, "no lo que las instituciones públicas excluyen, sino lo que el individuo retira de la vista del público"[417], y esta decisión sí debe estar protegida por las instituciones. La propuesta, que Young designa como el concepto de "un público heterogéneo", implica dos principios políticos: que ninguna persona, o aspecto de la vida personal, puede ser obligada a permanecer en el espacio privado y que ninguna institución o práctica social debería ser considerado *a priori* como un tema inapropiado para la discusión pública[418].

De este modo, qué temas puedan convertirse en políticos y qué temas no, no pueden ser definidos de modo apriorístico, como tampoco puede decidirse *a priori* quienes ocupan el ámbito público. Las categorías de paria y apátrida de Arendt pueden dar juego en relación con esta cuestión y, en consecuencia, desde el punto de vista de una teoría de la dominación y la opresión. Las reflexiones de Arendt en torno a los judíos ponen claramente de manifiesto cómo las teorías de la justicia formuladas en términos de distribución de bienes resultan insuficientes para dar cuenta de ciertas formas de injusticia persistentes en nuestras sociedades que se derivan, precisamente, del modo excluyente en el que la condición humana se caracteriza en el modelo moderno tradicional.

Tal y como muestra Young, "el paradigma distributivo define la justicia social como la distribución moralmente correcta de beneficios y cargas sociales entre los miembros de la sociedad"[419] porque estas teorías parten de una concepción restrictiva de la condición humana que reducen a la de poseedor. Al hilo de esta cuestión, la autora insiste en algo que ha sido señalado aquí, que es que las teorías coherentes con el modelo moderno tradicional, parten de una concepción normativa de la naturaleza humana que al mismo tiempo se construye a partir de una ideología. Se parte de una ideología alternativa, y por tanto de una concepción normativa alternativa de la condición humana, cuando se considera que "los individuos no son ante todo receptores de bienes o portadores de posesiones, sino actores con intenciones y propósitos que pueden actuar conjuntamente, o unos contra otros, o relacionándose entre sí"[420]. La cuestión es que el modelo moderno tradicional, y esto se pone clara-

---

417 Young, I.M., *Justice and the Politics of Difference,* cit., p. 119.

418 Young, I.M., *Justice and the Politics of Difference,* cit., p. 120. En coherencia con este principio es como Young interpreta el eslogan feminista "lo personal es político".

419 Young, I.M., *Justice and the Politics of Difference,* cit., p. 16.

420 Young, I.M., *Justice and the Politics of Difference,* cit., p. 28.

mente de manifiesto en Rawls, ha combinado una concepción descontextualizada del ser humano con una teoría de la justicia de carácter distributivo y, en esta medida, el ser humano quedaba adecuadamente representado como el individuo posesivo[421], pero el esquema se ha revelado insuficiente en relación con las identidades y las elecciones que quedan fuera de este ideal. En la medida en que los individuos además de tener, 'hacen' –y en este sentido estarían de acuerdo Young y Arendt–, la justicia social no puede referirse únicamente a cuestiones relativas a la distribución de bienes (materiales o inmateriales), sino que ha de preocuparse por esta otra dimensión. Y efectivamente, los derechos en el modelo contemporáneo no resultan adecuadamente representados como bienes, sino que más bien son relaciones, en tanto se refieren a lo que la gente puede hacer en relación con los demás[422]; tampoco son bienes las oportunidades[423], la autoestima o el poder.

Y es que muchas de las reivindicaciones desde las que se critican las instituciones, y a las que el modelo moderno tradicional de los derechos no ha sabido dar una respuesta, se refieren a la justicia del poder y toma de decisiones (imposición de agentes privados sobre economía local), o a las imágenes y símbolos culturales, o a la división del trabajo y el derecho a un trabajo significativo; no se trata de bienes materiales, sino de recursos inmateriales[424] –lo cual no significa, que la cuestión de la provisión inmediata de bienes materiales para las personas que sufren privaciones no sea una prioridad–. Incluso cuando la lógica de la distribución se extiende a este tipo de reivindicaciones, como hacen autores como J. Rawls, la concepción de la justicia sigue resultando restrictiva. Efectivamente, I.M. Young muestra como quienes defienden una teoría distributiva de la justicia coinciden, y la autora no objeta esta premisa, en que la justicia es el concepto normativo primario para evaluar todos los aspectos de las instituciones sociales; sin embargo, y este es el aspecto clave de su crítica, atribuyen a la justicia el fin de la distribución, lo que supone que la lógica de la distribución se aplica a los bienes sociales que 'no son cosas materiales o cantidades medibles'. Con este presupuesto, se cosifican aspectos de la vida que pueden ser entendidos mejor en función de reglas y relaciones y

---

[421] Young, I.M., *Justice and the Politics of Difference,* cit., p. 18.

[422] Young, I.M., *Justice and the Politics of Difference*, 2ª ed., Princeton University Press, New Jersey, 2011, p. 25.

[423] Según Young, y en este sentido su argumento puede utilizarse para prolongar la crítica que Fredman dirige a Sen, sólo si las oportunidades significan 'posibilidad', tendría sentido hablar de distribuir oportunidades o decir que "algunas personas tienen más oportunidades que otras, mientras algunas carecen de oportunidades en absoluto", pero en este caso oportunidades se refiere más a hacer que a tener "una persona tiene oportunidades si no se le impide hacer cosas y vive bajo las condiciones que le permiten hacerlas", Young, I.M., *Justice and the Politics of Difference,* 2ª ed., Princeton University Press, New Jersey, 2011, pp. 25-26

[424] Young, I.M., *Justice and the Politics of Difference,* cit., pp. 19 y 20.

se conceptualiza la justicia social primariamente en términos de objetivos del Estado olvidando los procesos[425].

Asimismo, la crítica de Young frente al 'paradigma distributivo' nos pone de manifiesto que cuando se presentan los bienes inmateriales o las cantidades medibles como objeto de distribución, y se piensa que los derechos distribuyen este tipo de bienes o cantidades medibles, el punto de partida es que cuanto más cantidad tenga un individuo o un grupo, menor cantidad tendrán los otros, de modo que la teoría de la justicia adquiere un carácter 'competitivo', a partir del cuál se justifica la presencia de una tensión permanente e irresoluble entre libertad e igualdad.

Finalmente, el énfasis predominante puesto en la distribución tiende a ocultar el contexto institucional en el cual dicha distribución tiene lugar y este es a menudo la causa, al menos parcial, de los modelos de distribución de puestos de trabajo o bienestar. Como consecuencia de estas consideraciones, Young propone una ampliación del ámbito de aplicación de la justicia con respecto al ocupado en la concepción tradicional, de modo que "la justicia hace referencia a perspectivas, principios y procedimientos para evaluar normas y reglas institucionales"[426] desde los valores que constituyen la vida buena. No basta, por tanto, la reflexión sobre la justicia de los criterios de distribución para alcanzar la justicia social; este objetivo además requiere eliminar la dominación y la opresión institucionalizadas, con lo que "cualquier aspecto de la organización social o práctica relevante para la dominación y la opresión es en principio susceptible de ser evaluada desde ideales de justicia"[427].

El problema en este punto es de qué modo determinar qué valores son los que constituyen la vida buena, evitando al mismo tiempo incurrir en el perfeccionismo y, por tanto, en un modelo de relaciones entre ética pública y ética privada que resultaría incompatible con un sistema de derechos. Según Young, "los valores comprendidos en la vida buena pueden reducirse a dos valores muy generales: (1) desarrollar y ejercer nuestras capacidades y expresar nuestra experiencia ..., y (2) participar en la determinación de nuestra acción y de las condiciones de nuestra existencia"[428]. La injusticia, desde este punto de vista, se define por referencia a estos dos valores morales. De este modo es como la autora justifica que la opresión, en la medida en que implica la presencia de trabas institucionales al autodesarrollo, y la dominación, que es entendida como resulta de las trabas institucionales a la autodeterminación, se presenten como formas de injusticia.

---

425 Young, I.M., *Justice and the Politics of Difference,* cit., pp. 24-25.
426 Young, I.M., *Justice and the Politics of Difference,* cit., p. 33.
427 Young, I.M., *Justice and the Politics of Difference,* cit., p. 15.
428 Young, I.M., *Justice and the Politics of Difference,* cit., p. 37.

Como se ha señalado en torno a la presentación del modelo contemporáneo de derechos, estas categorías constituyen una herramienta para la reflexión sobre la vulnerabilidad como una cuestión social. Tanto la opresión como la dominación generan vulnerabilidad. La opresión, puesto que implica que los procesos institucionales

> "impiden a alguna gente aprender y usar habilidades satisfactorias y expansivas en medios socialmente reconocidos, o procesos sociales institucionalizados que anulan la capacidad de las personas para interactuar y comunicarse con otras o para expresar sus sentimientos y perspectiva sobre la vida social en contextos donde otras personas puedan escucharlas".

La opresión puede asociarse a una distribución injusta de bienes, pero no se reduce a eso. Efectivamente, Young considera que las condiciones de la opresión "a menudo incluyen la privación de bienes materiales o su incorrecta distribución pero…conllevan también cuestiones que van más allá de la distribución"[429]. Por su parte, las condiciones de institucionales de dominación afectan a la autonomía, en la medida en que impiden a las personas participar en la determinación de sus acciones o de las condiciones de las mismas, de modo que es posible afirmar que

> "las personas viven dentro de estructuras de dominación si otras personas o grupos pueden determinar sin relación de reciprocidad las condiciones de sus acciones, sea directamente o en virtud de las consecuencias estructurales de sus acciones. La democracia social y política en su expresión más completa es el opuesto de la dominación"[430].

Sometemos a los seres humanos a condiciones institucionales de dominación cuando no permitimos que tomen decisiones sobre las cuestiones que les afectan, y ello no sólo en el ámbito político, sino también en el privado y en el social. Precisamente el paradigma moderno al vincular la atribución de derechos a la autonomía entendida como una cuestión de hecho, y definir quién es y quién no es autónomo a partir de la experiencia particular concreta de quienes impulsan el modelo, ha generado la dominación de todos los excluidos, impidiendo, con ello, cualquier posibilidad de estas personas de intervenir en la modificación de las estructuras de opresión, que, por el contrario, han quedado legitimadas, perpetuándose. Al mismo tiempo, la presencia de opresión reproduce la dominación, en la medida en que las personas explotadas, marginadas, privadas de poder, aquellas cuya identidad ha sido ninguneada y las que

[429] Young, I.M., *Justice and the Politics of Difference,* cit., p. 37.
[430] Young, I.M., *Justice and the Politics of Difference,* cit., p. 38.

han sido sometidas a violencia no se consideran depositarias de alguno de los rasgos de la condición humana.

La lectura de Arendt como una autora moderna, nos permite encontrar instrumentos en relación con esta revisión del modelo en un sentido más incluyente. En esta línea, Benhabid encuentra en Arendt dos modelos de acción que se corresponden con dos modelos de política, el modelo agonal o heroico, y el modelo asociativo. En el modelo agonal, la política es "la actividad de "realizar grandes actos memorables" por parte de una élite republicana cívica", de modo que presupone quiénes participan y quiénes quedan excluidos de él y opera una restricción de los temas sobre la base de las experiencias de los legítimos participantes.

Por el contrario, en el modelo que Benhabid presenta como democrático o asociativo, y que considera igualmente presente en Arendt, la actividad política puede ser realizada por ciudadanos comunes que "pueden o no poseer grandes destrezas morales pero que adquieren las capacidades de juicio político e iniciativa en el proceso de auto-organización"[431]. Si se reinterpreta a Arendt desde un modelo asociativo, y no agonista, de esfera pública, el resultado es que ni quiénes participan ni 'el qué de la conversación' pueden ser definidos en términos incluyentes, sino, que como es posible pensar "no sólo a través de las luchas de las mujeres, sino también de la experiencia de los movimientos sociales en la modernidad en general"[432], todos aquéllos que estén dispuestos a insertarse en la esfera pública son miembros de esta esfera, de modo que "todas las relaciones de poder asimétricas, y no sólo los asuntos estrechos de la «política» pueden ser temas de conversación"[433]. El resultado, es que "el espacio público es esencialmente poroso; ni su acceso ni su agenda de debates pueden ser predefinidos mediante criterios de homogeneidad moral y política"[434], con lo que el planteamiento se aleja claramente de la concepción moderna tradicional incluso en la versión de Rawls, en la medida en que rechaza las definiciones *a priori* de los sujetos y de los temas. Así pues, en opinión de Benhabid

> "con la entrada de cada nuevo grupo al espacio público de la política después de las revoluciones francesa y norteamericana, la influencia de lo público se extiende; la emancipación de las mujeres ha implicado que la familia y la así llamada esfera privada se conviertan en asunto público; el logro de los derechos de los no blancos y de los no cristianos ha insertado las cuestiones culturales del yo colectivo y de las represen-

[431] Benhabid, S., *The Reluctant Modernism of Hannah Arendt,* cit., p. 125.
[432] Benhabid, S., "La paria y su sombra...", cit., p. 33.
[433] Benhabid, S., "La paria y su sombra...", cit., p. 33.
[434] Benhabid, S., "La paria y su sombra...", cit., p. 33.

> taciones del otro en la agenda «pública». No sólo es el «tesoro perdido» de las revoluciones en que eventualmente todos pueden tomar parte, sino también cuando la libertad emerge de la acción en concierto, que puede no haber agenda para predefinir el tema de la conversación pública. La lucha por saber qué incluir en la agenda pública es en sí misma una lucha por la justicia y la libertad"[435].

Desde este planteamiento, cuando se está cerrando la agenda –como ocurre en la concepción tradicional– también se está privando a aquéllos a quienes los temas excluidos afectan de luchar por la justicia y la libertad. En todo caso, concluye Benhabid, aunque hay otra Arendt "la estudiante de la filosofía alemana fenomenológica y existencialista" cuyo legado fue "el modelo agonista de espacio público"[436], el modelo asociativo de la esfera pública es el legado que Arendt nos dejó, como "la modernista y la judía-alemana que encontró la protección del gobierno constitucional y la igualdad política a partir de los estragos del antisemitismo europeo en Estados Unidos"[437].

Hasta aquí se han presentado algunas claves del pensamiento de Arendt que pueden resultar de utilidad en la tarea de construir un marco filosófico desde el que afrontar algunas de las insuficiencias del modelo moderno tradicional de derechos. En el apartado siguiente trataré de exponer algunos de los aspectos básicos que deberían incorporar las teorías de los derechos capaces de dar cuenta del modelo contemporáneo.

---

435 Benhabid, S., "La paria y su sombra...", cit., p. 33.

436 Benhabid, S., "La paria y su sombra...", cit., p. 34.

437 Benhabid, S., "La paria y su sombra...", cit., p. 34.

6.
CLAVES PARA UN MODELO CONTEMPORÁNEO DE DERECHOS

La pretensión de estas páginas ha sido delinear algunos de los elementos que habrán de tenerse en cuenta para ofrecer un marco de comprensión e interpretación de la condición humana que sea adecuado para dar cuenta del modelo contemporáneo de derechos; no se ha tratado con ello de presentar una propuesta completa y cerrada desde la que construir o validar una única teoría, sino que se ha adoptado como premisa que pueden existir distintos esquemas teóricos compatibles.

Por otro lado, las claves que aquí se ofrecen se mantienen, en la línea de la teoría crítica, dentro del proyecto de la modernidad, desde el entendimiento de que fuera de él difícilmente tendría sentido justificar un sistema de protección de los derechos humanos. De este modo, la razón y la autonomía continúan siendo cruciales, pero no se trata de una razón abstracta y monolítica, sino que adquiere una dimensión histórica y evolutiva[438]. Por ello, se considera posible

[438] Benhabid, S., *Critique, Norm, and Utopia,* cit., p.344, "ninguna idea ha sido tan central a la tradición de la teoría social crítica como la creencia en que el ejercicio de la razón humana es esencial para alcanzar la autonomía y satisfacción moral, la justicia pública y el progreso. Este ideal, que la teoría crítica compartió con los grandes pensadores de la Ilustración burguesa desde Hobbes hasta Kant, nunca fue realmente repudiado. El teórico crítico tomó un nuevo abordaje. Integrando los puntos de vista de Hegel y Marx de que el sujeto autónomo no era un ego cartesiano aislado, sino uno ser histórica y socialmente situado, concreto y corporal, en las primeras fases de sus formulaciones, extendieron este ideal ilustrado en una crítica general a las condiciones materiales y sociales que dificultaban su realización. En esta tarea fueron inspirados por la crítica de Hegel a Kant, que mostró la necesidad de desarrollar una crítica a la razón pura en una fenomenología del espíritu humano –la historia del devenir de la razón histórica y cultural–. La razón entonces fue dotada de un núcleo histórico y evolutivo".

defender que el contemporáneo sigue siendo un modelo moderno de derechos, aunque alternativo al tradicional en relación con cuestiones esenciales que afectan al modo en el que se caracteriza la condición humana. A propósito de esta cuestión, la lectura de Hannah Arendt como una autora moderna brinda interesantes instrumentos que pueden servir de plataforma a un 'modelo Arendt', que, frente a un 'modelo Aristóteles', permite identificar los objetivos de la organización política a partir del sujeto, pero, frente al 'modelo Kant', huye de la selección apriorística y excluyente de los sujetos que cuentan a la hora de determinar aquellos objetivos.

La representación del ser humano desde la homogeneidad, que ha conducido al modelo moderno tradicional de derechos, y que podemos denominar modelo Kant, ha resultado opresiva en la medida en que parte de la imposición de un patrón estandarizado y abstracto de humanidad, y, por ello, desconoce el hecho de la pluralidad y de la diversidad de las formas en las que la misma humanidad se manifiesta. En este sentido, el primer aspecto a considerar como parte de la reflexión teórica sobre un modelo contemporáneo de derechos tiene que ver con la necesidad de situar al sujeto.

Una primera medida para la revisión del pensamiento moderno que permita la fundamentación de un modelo contemporáneo de derechos, ha de referirse pues a la diversificación de la 'condición humana'. Efectivamente, recordemos que Pievatolo considera atrapados en sendas trampas a quienes adoptan el modelo kantiano y a quienes adoptan el modelo premoderno, o modelo Aristóteles. La concepción kantiana de la condición humana incurre en una arbitrariedad porque define *a priori* al sujeto moral y desde esta definición identifica la idea de bien (o, en este caso, de justicia). Arbitraria es también la caracterización de la condición humana en el modelo aristotélico porque se construye a partir de una identificación apriorística de la idea de bien. Frente a ambos, resulta clave para una fundamentación del modelo contemporáneo de derechos aceptar que no existe un ser humano tipo al que referir la idea de dignidad. Ello nos conduce a una concepción abierta e inclusiva de lo que significa ser humano, y nos ayuda a tener en cuenta que atribuir valor al ser humano no significa negárselo a otros seres. Al mismo tiempo, las cuestiones que puedan ser consideradas valiosas desde la representación de la diversidad de seres humanos pueden ser variables y constituye una manifestación de la opresión, y, por tanto, una forma de injusticia, reconducirlas únicamente a la posibilidad de elección.

En este sentido, la ubicación del ser no puede llevarse a cabo si no se contextualiza, lo que implica que el carácter corporal de los seres humanos, su vulnerabilidad y su dependencia con respecto a otros sujetos, y no sólo su capacidad de elección y sus relaciones con los bienes, configuran la condición humana y han de ser relevantes en la definición de los derechos. En coherencia con lo anterior, ni proteger la elección constituye el fin exclusivo de los derechos humanos, ni la justicia puede referirse únicamente a la distribución de bienes.

Comenzando por la primera cuestión, el valor de las elecciones, lo hasta aquí dicho permite entender que tanto la autonomía, como el sentido mismo de los derechos humanos, hayan sido revisados en el modelo contemporáneo. Efectivamente, la autonomía no puede traducirse ya en libertad como no interferencia en relación con el Estado y, además, es posible cuestionar su papel como fundamento exclusivo de los derechos.

Así pues, el modelo contemporáneo adquiere sentido si se acepta que, por ejemplo, también la pobreza es una forma de privación de libertad, de modo que los derechos no pueden ser articulados únicamente como barreras, ni siquiera los tradicionalmente considerados derechos civiles. De este modo, se entiende que la diferencia entre derechos civiles y derechos económicos, sociales y culturales haya perdido en parte su sentido en favor de la indivisibilidad y la interdependencia[439].

Por lo que se refiere a la autonomía como objetivo de los derechos, vimos que los derechos protegen relaciones que se consideran valiosas por los seres humanos y no sólo la elección. Si bien es cierto que el objetivo de la organización política y de los derechos sigue siendo la dignidad, y que la dignidad se vulnera cuando los seres humanos son tratados como meros medios sin considerar que son seres de fines, también se instrumentaliza a un ser humano cuando no se protegen las relaciones que le resultan valiosas, y entre estas relaciones se encuentran las de cuidado.

En las teorías que respaldan el modelo moderno tradicional, el cuidado ha sido ocultado y minusvalorado. Es controvertido el papel del cuidado en el trabajo de Arendt, pues en la medida en que se refiere a la satisfacción de las necesidades de la vida, se considera labor y no es, por tanto, definido como una actividad específicamente humana. Sin embargo, y siguiendo la línea de Benhabid, el cuidado también implica tareas que pueden definirse como acción, con lo que también es posible a partir de Arendt encontrar elementos para su resignificación. Por otro lado, y aunque es cierto que en Arendt no se trata de una actividad 'específicamente' humana, sí es una actividad humana y, en este sentido, no puede ser ignorado, sino que, por el contrario, habría de revalorizarse. La recuperación de las relaciones de cuidado desde el discurso

---

[439] Añón, M.J., "Derechos Humanos y principio de efectividad. Claves interpretativas", en Revenga Sánchez, M. y Cuenca Gómez, P. (ed.), *El tiempo de los derechos. Los derechos humanos en el siglo XXI*, Dykinson, Madrid, 2015, pp. 191-218, p. 194.

de los derechos requiere de una profunda reflexión que abarque la redefinición del cuidado y su revalorización.

Por otro lado, la crítica frente a la reducción de los objetivos valiosos a la posibilidad de elegir, enlaza con la que Young dirige a todas las teorías que reducen la justicia a la distribución de bienes. Reducir la justicia a los criterios sobre distribución de bienes impide ver la dominación y la opresión como formas de injusticia y ha constituido un obstáculo para visualizar ambas como fenómenos estructurales.

Otra de las cuestiones que se ha visto sometida a revisión al hilo del modelo contemporáneo es el modo en el que se realiza la división de espacios entre lo público y lo privado. A propósito de esta cuestión, la reflexión en torno al modelo contemporáneo muestra que la separación entre el espacio público y el privado no puede realizarse de un modo definitivo y excluyendo *a priori* a determinados sujetos y a determinados temas. Por el contrario, los apuntes de Arendt en torno a la condición de paria y de apátrida revelan cómo la exclusión de judíos y apátridas de la condición política implica que estas personas no sean tratadas como seres humanos. Asimismo, cuando desde una concepción impuesta se permite la exclusión de temas que para algunas personas son importantes, también se está privando a estas personas de la posibilidad de luchar por la justicia. En un caso y en otro, la denegación del acceso implica dominación.

Asimismo, como lección de Arendt se puede extraer la necesidad de redignificar la política y, en este sentido, la virtualidad de una concepción republicana de la libertad en relación con el modelo contemporáneo de derechos. Efectivamente, a pesar del rechazo a la libertad positiva que ha predominado en torno a la fundamentación de los derechos, ésta también se vincula por el propio Kant a la idea de autonomía y ha servido para conformar un concepto republicano desde el que la participación política se comprende como un atributo de la libertad.

Frente al menosprecio de lo político que ha llegado a ser un rasgo característico del 'modelo Kant' –una vez más, tal vez a pesar de Kant–, esta idea apunta en dos sentidos. En primer lugar, en el ya indicado de adoptar un planteamiento inclusivo en relación con la posibilidad de acceso de personas y de temas al espacio público. Igualmente implica que la libertad política no puede ser entendida únicamente como no interferencia, por el contrario, la idea de libertad como no dominación arbitraria constituye un buen punto de partida para justificar la ampliación de la ciudadanía y la incorporación de la 'racionalidad política' a los espacios privados.

En relación con esta cuestión, recordemos que Arendt identifica lo social como un espacio entre lo público y lo privado, que entorpece y obstruye lo público. Asimismo, la autora muestra cómo es el crecimiento de este espacio lo que conllevó la incorporación de la racionalidad económica a las decisiones públicas. La reflexión en torno al modelo contemporáneo debería llevarnos a invertir esta relación de modo que, como apunta Benhabid, los criterios que rigen la racionalidad política puedan, de algún modo, incorporarse a la sociedad previniendo 'la banalización del mal'.

Por otro lado, la imagen de la sociedad que nos presenta Arendt pone de manifiesto las relaciones de opresión y de dominación que en ella se producen. A veces estas formas de injusticia son el resultado de que se impone una idea de lo normal, invisibilizando las diferencias entre los seres humanos. Si se acepta lo anterior, no sólo está plenamente justificado que los derechos adquieran sentido en el marco de estas relaciones, sino que, además, su incidencia viene reclamada desde la defensa de la libertad como no dominación arbitraria y desde el rechazo de la opresión como una forma de injusticia. Existe un tercer sentido en el que el modelo contemporáneo invita a reflexionar sobre lo social, y tiene que ver con el papel de las organizaciones sociales en los procesos de deliberación pública, como agentes que intervienen en la toma de decisiones.

En lo que respecta a la esfera privada, efectivamente, no puede ya considerarse como el ámbito en que los individuos libres e iguales se relacionan porque, tal y como se ha mostrado en las líneas precedentes, esta ficción enmascara las relaciones de poder que en él se establecen. Al mismo tiempo, no obstante, sigue siendo pertinente la defensa de un espacio de privacidad, de modo que cada persona pueda decidir qué aspectos de su existencia somete o no a la deliberación pública. Asimismo, y en paralelo a la revalorización de lo público, las consideraciones que se han efectuado sobre la contextualización del sujeto, así como los comentarios de Arendt sobre la educación, permiten mostrar la relevancia que la privacidad, y las tareas que en este ámbito se desenvuelven, desde el punto de vista de la autorrealización y del desarrollo personal.

En resumen, cuando se lleva a cabo la operación de situar al sujeto, se pone de manifiesto la diversidad humana, de modo que es preciso rechazar una definición apriorística de lo que significa ser humano y de las cuestiones que para los seres humanos son valiosas. En este sentido, en la línea de la mentalidad ampliada, el papel de la razón en la justificación de nuestras instituciones no puede ser exclusivo y, además, no debe ser desempeñado por una razón monológica. Muy al contrario, la razón debe estar abierta a los argumentos, puntos de vista o intereses que puedan expresar otros sujetos, y esta es la idea que puede extraerse de la imagen de la condición humana que se desprende de la lectura de Arendt.

Por otro lado, cuando el sujeto se sitúa, también se pone de manifiesto su complejidad y se revela que los seres humanos somos frágiles y dependientes y, en esta medida, necesitamos relacionarnos con otros sujetos. Desde este punto de vista, no sólo la libertad de elección, sino también esas relaciones con los otros sujetos deben tener un papel en la articulación de los sistemas de derechos.

Asimismo, y puesto que los seres humanos consideramos valiosa la posibilidad de excluir algunas cuestiones de la vista de los otros seres humanos, sigue teniendo sentido la separación entre un espacio público y un espacio privado, sin embargo, esta separación no implica que alguna de las esferas resulte más preciada que la otra. Igualmente, la atribución de igual valor a todos los seres humanos supone que no se pueden establecer restricciones de acceso de temas y de personas al ámbito público, y que no se puede obligar a las personas a someter al público lo que prefieren mantener en la esfera privada. También es preciso considerar que, en la medida en que los seres humanos somos sociales, los sistemas de derechos no pueden limitarse a institucionalizar la libertad como no interferencia, sino que han de construirse de modo que impidan la dominación arbitraria, tanto en el ámbito público como en el ámbito privado.

7.
BIBLIOGRAFÍA

Abberley, P., "The Concept of Oppression and the Development of a Social Theory of Disability", Disability, Handicap and Society, vol. 2, nº1, 1987, pp. 5-19.

Ansuátegui Roig, F.J., "Argumentos para una teoría de los derechos sociales", *Revista de Derecho del Estado*, Universidad Externado de Colombia, nº 24, julio 2010, pp. 45-64.

Ansuátegui Roig, F.J., "Los derechos sociales en tiempos de crisis. Algunas cuestiones sobre su fundamentación", en Bernuz, M.J., y Calvo, M., (eds.), *La eficacia de los derechos sociales,* Tirant lo Blanch, Valencia, 2015, pp. 23-42.

Añón, M.J., "Derechos Humanos y principio de efectividad. Claves interpretativas", en Revenga Sánchez, M. y Cuenca Gómez, P. (ed.), *El tiempo de los derechos. Los derechos humanos en el siglo XXI*, Dykinson, Madrid, 2015, pp. 191-218.

Arendt, H., "What Is Existenz Philosophy?", *Partisan Review,* nº 13, vol. 1, 1946, pp. 34-56 Disponible en *http://hgar-srv3.bu.edu/collections/partisan-review/search/detail?id=283960* (última consulta 20 de julio de 2016).

Arendt, H. (1971), *La vida del espíritu. El pensar, la voluntad y el juicio en la filosofía y en la política*, trad. Ricardo Montoro Romero y Fernando Vallespín Oña, Centro de Estudios Constitucionales, Madrid, 1984.

Arendt, H. (1958), *La condición humana,* trad. R. Gil Novales, Barcelona, Paidós, 2005.

Arendt, H., "The perplexities of the rights of man", in Baehr, P. (ed.) *The portable Hanna Arendt,* Penguin Books New York, 2000, pp. 31-45. Originalmente en *The Origins of Totalitarianism,* pp. 390-302; pp. 412-427 de la edición citada en español.

Arendt, H. (1963), *Eichmann en Jerusalén. Un estudio sobre la banalidad del mal,* trad. Carlos Ribalta, 4ª edición, Lumen, 2003.

Arendt, H. (1951), *Los orígenes del totalitarismo*, trad. G. Solana, Alianza, Madrid, 2006.

Arendt, H., (1957), *Rahel Varnhagen. Vida de una mujer judía,* trad. D. Najmías, Lumen, Barcelona, 2000.

Arendt, H. (1961), *Entre el pasado y el futuro. Ocho ejercicios sobre la reflexión política*, trad. A. Poljak, Península, Barcelona, 1996.

Arendt, H. (1963), *On Revolution,* Penguin, New York, 2006. Hay traducción al español de una edición previa de Pedro Bravo, Alianza, Madrid, 2004.

Aristóteles (323 a. C.), Política, trad. C. García Gual y A. Pérez Jiménez, Alianza, Madrid, 1986.

Aristóteles (s. IV a. C.), *Ética a Nicómaco,* Edición Bilingüe, trad. María Araujo y Julián Marías, Centro de Estudios Políticos y Constitucionales, Madrid, 1959.

Asís Roig, R. de, "Las situaciones de dependencia desde un enfoque de derechos humanos", en Ramiro Avilés, M.A. y Cuenca Gómez, P., *Los derechos humanos: la utopía de los excluidos,* Dykinson, Madrid, 2010, pp. 163-180.

Asís Roig, R. de y Barranco Avilés, M. C., "El derecho a la promoción de la autonomía personal y atención a las personas en situación de dependencia", en Barranco Avilés, M. C. (Coord.), *Situaciones de dependencia, discapacidad y derechos,* Dykinson, Madrid, 2011, pp. 107-132.

Asís Roig, R. de, *Sobre discapacidad y derechos,* Dykinson, Madrid, 2013.

Asís Roig, R. de, *Una mirada a la robótica desde los derechos humanos,* Dykinson, Madrid, 2014.

Barranco Avilés, M.C., "Notas sobre la libertad republicana y los derechos fundamentales como límites al poder", *Derechos y Libertades,* nº 9, 2000, pp. 65-91.

Barranco Avilés, M.C., *Diversidad de situaciones y universalidad de los derechos,* Dykinson, Madrid, 2010.

Barranco Avilés, M.C., "Derechos humanos y vulnerabilidad. Los ejemplos del sexismo y el edadismo", en Barranco Avilés, M.C., y Churruca Muguruza, C. (ed.), *Vulnerabilidad y protección de los derechos humanos,* Tirant lo Blanch, Valencia, 2014, pp. 17-44.

Barranco Avilés, M.C., "Las teorías de los derechos humanos en el siglo XXI", en Revenga Sánchez, M. Y Cuenca Gómez, P., *El tiempo de los derechos. Los derechos humanos en el siglo XXI,* Dykinson, Madrid, 2015, pp. 13-33.

Barranco Avilés, M.C., "Una defensa de la constitucionalización de los derechos sociales", Derechos y libertades, nº 35, 2016, pp. 111-135.

Barranco Avilés, M.C., "Vulnerabilidad, derechos humanos y empresas", *Cuadernos Electrónicos de Filosofía del Derecho,* nº 34, 2016 (en prensa), pp. 12-18.

Baxi, U., *The Future of Human Rights,* Oxford University Press, New Delhy, 2002.

Beiner, R. (ed.), *Hannah Arendt's Lectures on Kant's Political Philosophy,* The University of Chicago Press, 1992.

Benhabid, S., *Critique, Norm, and Utopia. A Study of the Foundations of Critical Theory,* Columbia University Press, New York, 1986.

Benhabib, S., "La paria y su sombra: sobre la invisibilidad de las mujeres en la filosofía política de Hannah Arendt", trad. M. Hernández, en Cruz Rodríguez, *Revista internacional de Filosofía Política,* nº 2, 1993, pp. 21-35, también en M. (coord.), *El siglo de Hannah Arendt,* Paidós, 2006, pp. 15-36. Traducciones de "The Pariah and Her Shadow", *Political Theory,* nº 23, 1995, pp. 5-24. Una versión más amplia de este trabajo en "The Pariah and Her Shadow: Hannah Arendt's Biography on Rahel Varnhagen", en *The Reluctant Modernism of Hannah Arendt,* Rowman and Littlefield Publishers, Lanham, 2003, pp. 1-34.

Benhabid, S., *El reluctante modernismo de Hanna Arendt. El diálogo con Martin Heidegger,* trad. Francisco Colom y Janis Taulor, Episteme, Valencia, 1996. Original "The Dialogue With Martin Heidegger.

Benhabid, S., *The Reluctant Modernism of Hannah Arendt,* with New Praface and Series Editor's Introduction, Rowman and Littlefield Publishers, Lanham, 2003.

Benhabid, S., *El Ser y el Otro en la ética contemporánea. Feminismo, comunitarismo y posmodernismo,* trad. G. Zadunasky, Gedisa, Barcelona, 2006.

Bentham, J., *Tratados de legislación civil y penal,* ed. M. Rodríguez Gil, Editora Nacional, Madrid, 1981.

Berlin, I., "Dos conceptos de libertad", en *Cuatro ensayos sobre la libertad,* traducción de J. Bayón, Alianza, Madrid, 1998, pp. 21-280.

Binion, G., "Human Rights a Feminist Perspective", *Human Rights Quarterly,* vol. 17, n. 3, 1995, pp. 509-526.

Brender, N., and Krasnoff, L., (ed.) *New Essays on the History of Autonomy. A Collection Honoring J.B. Schneewind,* Cambridge University Press, New York, 2004.

Bobbio, N., "El tiempo de los derechos", en *El tiempo de los derechos,* trad. R. de Asís Roig, Sistema, Madrid, 1991, pp. 97-112.

Campillo, A., "Animal político. Aristóteles, Arendt y nosotros", *Revista de Filosofía,* nº 39, 2014, pp. 169-188.

Campillo, N., "Comprensión y juicio en Hannah Arendt", *Revista de Filosofía,* nº 26, 2002, pp. 125-140.

Camps, V., "Hannah Arendt. La moral como integridad", en Cruz, M. (comp.), *El siglo de Hannah Arendt,* Paidós, Barcelona, 2006, pp. 63-86.

Conill Sancho, J., "La invención de la Autonomía", *Eidon,* nº 39, pp. 2-12.

Constant, B. (1819), "De la libertad de los antiguos comparada con la de los modernos", *Escritos políticos,* trad. M.L. Sánchez, Centro de Estudios Constitucionales, Madrid, 1989, pp. 257-285.

Cruz, M. (comp.), *El siglo de Hannah Arendt,* Paidós, Barcelona, 2006.

Cuenca Gómez, P., "Sobre la inclusión de la discapacidad en la teoría de los derechos humanos", en *Revista del Centro de Estudios Políticos,* nº 158, 2012, pp. 103-137.

Cuenca Gómez, P., "Discapacidad, Normalidad y Derechos Humanos", en Barranco Avilés, M.C., y Churruca, C. (ed.), *Vulnerabilidad y protección de los derechos humanos,* Tirant lo Blanch, Valencia, 2014, pp. 71-99.

Davis, J. L., "Introduction: normality, power and culture", in *The Disability Studies Reader,* Routledge, New York and London, 4th Ed., 2013, pp. 1-16.

Díaz, E., *De la maldad estatal y la soberanía popular,* Debate, Madrid, 1984.

Descartes, R. (1637), *Discurso del método,* trad. M. García Morente, Espasa, Madrid, 2010.

Ferri, E., "La polis y el polites: orígenes y características de la categoría de ciudadanía", *Cuadernos Electrónicos de Filosofía del Derecho,* nº 34, 2016.

Fineman, M., *The Autonomy Myth. A Theory of Dependency,* The New York Press, New York, 2004.

Finnis, J. *Ley natural y derechos naturales,* trad. C.Orrego, Abeledo Perrot, Buenos Aires, 2000.

Flores D'Arcais, P., *Hannah Arendt. Existencia y libertad,* Trad. César Cansino, Tecnos, Madrid, 1996.

Flores D'Arcais, P., "Once tesis sobre Hannah Arendt", trad. Alejandro Pradera, *Claves de Razón Práctica,* nº 168, 2006, pp. 10-13.

Fredman, S., *Human Rights Transformed. Positive Rights and Positive Duties,* Oxford University Press, 2008.

Foucault, M., *Los anormales,* trad. H. Pons, Fondo de cultura Económica, México, 2000.

Garzón Valdés, E., "Lo íntimo, lo privado y lo público". En *Claves de Razón Práctica,* nº 137, 2003, pp. 14-24.

Giner, S., "Hannah Arendt. La primacía moral de la política", *Claves de razón práctica,* nº 168, 2006, pp. 14-20.

Grear, A. "'Framing the Project' of international human rights law", in Gearty, C. and Douzinas, C. (ed.), *Human Rights Law,* Cambridge University Press, 2013, pp. 17-35.

Habermas, J. (1962), *Historia y crítica de la opinión pública. La transformación estructural de la vida pública*, trad. A. Domènech en col. con R. Grasa, 2ª edición, Ed. Gustavo Gili, Barcelona, 1982.

Harrington, J. (1656), *La República de Océana*, trad. E. Diez Cañedo, Fondo de Cultura Económica, México, 1987, p. 50.

Hawkesworth, M., "Arendtian politics: Feminism as a test case", *Journal of Women's History,* n 8, vol.1, 1996, pp. 161-171.

Hobbes, T. (1651), *Leviatán*, 4ª. ed, trad. E. Tierno Calvan y M. Sánchez Sarto, Tecnos, Madrid, 1996.

Kant, I. (1784), "Contestación a la pregunta: qué es la Ilustración", trad. R. Rodríguez Aramayo, *Isegoría,* nº25, 2001, pp. 287-291.

Kant, I. (1785), *Fundamentación de la Metafísica de las Costumbres,* trad. L. Martínez Velasco, 12ª Ed., Espasa, Madrid, 1996.

Kant, I. (1788), *Crítica de la Razón Práctica,* trad. R. Rodríguez Aramayo, Alianza, Madrid, 2000.

Kant, I. (1793) *La religión dentro de los límites de la mera razón,* trad. de F. Martínez Marzoa, Alianza, Madrid, 1986.

Kant, I. (1793), *Teoría y Práctica,* trad. R. Rodríguez Aramayo, Tecnos, Madrid, 2006.

Kittay, E.F., "Equality, Dignity and Disability", in Lyons, M. and Waldron, E. (ed.) *Perspectives on Equality: The Second Seamus Heaney Lectures,* The Liffey Press, Dublin, 2005, pp. 93-119.

Lucas Martín, J. de, *Mediterráneo el naufragio de Europa,* Tirant lo Blanch, Valencia, 2015.

Macpherson, C.B., *La teoría política del individualismo posesivo. De Hobbes a Locke,* trad. J. R. Capella, Trotta, Barcelona, 2005.

Mackintyre, A., *Tras la virtud,* 2ª ed. bolsillo, trad. Amelia Valcárcel, Barcelona, Crítica, 2004.

Maestre, A., "Prólogo" a Flores D'Arcais, *Hannah Arendt. Existencia y libertad,* Tecnos, Madrid, 1996, pp. 41-51.

Mestre y Mestre, R., "Hilando fino: migraciones autónomas de mujeres para trabajar en la industria del sexo", en Hernández Pedreño, M. y Pedreño Cánovas, A., *La condición inmigrante: exploraciones e investigaciones desde la Región de Murcia,* Universidad de Murcia, 2005.

Montesquieu (1748), *Del Espíritu de las Leyes*, 4ª Ed., trad. M. Blázquez y P. de Vega, Tecnos, Madrid, 1998.

Nibert, D., *Animal Rights/Human Rights. Entanglements of Oppression and Liberation,* Rowman and Littlefield, Lanham, 2002.

Nino, C.S., *Ética y Derechos humanos. Un ensayo de fundamentación,* Barcelona, Ariel, 1989.

O'Neill, O., "Autonomy, Plurality and Public Reason", in Natalie Brender and Larry Krasnoff, *New Essays on the History of Autonomy. A Collection Honoring J.B. Schneewind,* Cambridge University Press, New York, 2004, pp. 181-194.

Palacios, A., *El modelo social El modelo social de discapacidad: orígenes, caracterización y plasmación en la Convención Internacional sobre los Derechos de las Personas con Discapacidad,* Cinca, Madrid, 2008.

Pateman, C., *El contrato sexual,* trad. M. Luisa Femenías, Anthropos, Barcelona, 1995.

Peces-Barba, G., *Tránsito a la Modernidad y Derechos Fundamentales*, Mezquita, Madrid, 1982.

Peces-Barba, G., *La dignidad de la persona desde la Filosofía del Derecho,* Dykinson, Madrid, 2002.

Pelé, A., *La dignidad humana. Sus orígenes en el pensamiento clásico,* Dykinson, Madrid, 2010.

Pievatolo, M. C., *La giustizia degli invisibili. L'identificazione del suggetto morale, a ripartire da Kant,* Carocci, Roma, 1999.

Rawls, J., *El liberalismo político,* trad. A. Domènech, Crítica, Barcelona, 2004.

Rey Pérez, J. L., *La democracia amenazada,* Universidad de Alcalá de Henares, 2012.

Rousseau, J.J., *Del Contrato social,* trad. M. Armiño, Alianza, Madrid, 1998.

Rowe, C., "La ética en la Grecia Antigua", en Singer, P. (ed.), *Compendio de ética,* trad. J. Vigil Rubio y M. Vigil, Alianza, Madrid, 2004, pp. 183-197.

Sánchez, C., *Hannah Arendt. El espacio de la política,* Centro de Estudios Políticos y Constitucionales, Madrid, 2003.

Sandel, M., *El liberalismo y los límites de la justicia,* trad. M.L. Melon, Gedisa, Barcelona, 2000.

Schneewind, J.B, *The invention of Autonomy. A History of Modern Moral Philosophy,* Cambridge University Press, New York, 1998.

Schneewind, J.B., "La Filosofía Moral Moderna", en Singer, P. (ed), *Compendio de ética,* trad. J. Vigil Rubio y M. Vigil, Alianza, Madrid, 2004, pp. 217-231.

Taylor, Ch., *Fuentes del yo. La construcción de la identidad moderna,* Trad. A. Lizón, Paidós, Barcelona, 2006.

Turner, B.S., "Outline of a Theory of Human Rights", *Sociology*, vol. 27, nº3, Agosto 1993, pp. 489-512.

Vallespín, F., "Hannah Arendt y el republicanismo" en Cruz, M. (comp.), *El siglo de Hannah Arendt*, Paidós, Barcelona, 2006, pp. 107-138.

Walzer, M., *Las esferas de la justicia. Una defensa del pluralismo y la igualdad,* trad. H. Rubio, Fondo de Cultura Económica, México, 2001.

Young, I.M., *Justice and the Politics of Difference*, 2ª ed., Princeton University Press, New Jersey, 2011. Existe traducción de la versión de 1990, *Justicia y la Política de la Diferencia*, trad., S. Álvarez, *Justicia y la Política de la Diferencia*, Cátedra, Madrid, 2000.

CUADERNOS "BARTOLOMÉ DE LAS CASAS"
NÚMEROS PUBLICADOS

1 EL DISCURSO DE LOS DERECHOS. Del problema terminológico al debate conceptual, *por M.ª del Carmen Barranco Avilés.*

2 PODER, ORDENAMIENTO JURÍDICO, DERECHOS, *por Francisco Javier Ansuátegui Roig.*

3 EL DEBATE SOBRE EL CONTROL DE CONSTITUCIONALIDAD EN LOS ESTADOS UNIDOS. Una polémica sobre la interpretación constitucional, *por Javier Dorado Porras.*

4 ENTRE LA RAZÓN DE ESTADO Y EL ESTADO DE DERECHO: La racionalidad política, *por Eusebio Fernández García.*

5 LA INTERVENCIÓN JURÍDICA DE LA ACTIVIDAD MÉDICA: El consentimiento informado, *por Ángel Pelayo González-Torre.*

6 LOS DERECHOS HUMANOS: DESDE LA PERSPECTIVA SOCIOLÓGICO-JURÍDICA A LA «ACTITUD POSTMODERNA», *por María José Fariñas Dulce.*

7 LEY, PRINCIPIOS, DERECHOS, *por Luis Prieto Sanchís.*

8 OTRO ESTUDIO MAS DEL ABORTO. LA INDICACIÓN EUGENÉSICA Y SU FUNDAMENTACIÓN, *por Fernando Reviriego Picón.*

9 EN TORNO AL ORIGEN DEL CONCEPTO MODERNO DE SOCIEDAD CIVIL (Locke, Ferguson y Hegel), *por María Isabel Wences Simon.*

10 FUNDAMENTOS PARA EL RECONOCIMIENTO JURÍDICO DE LAS UNIONES HOMOSEXUALES PROPUESTAS DE REGULACIÓN EN ESPAÑA, *por Pedro A. Talavera Fernández.*

11 DERECHOS SOCIALES Y POSITIVISMO JURÍDICO. Escritos de Filosofía Jurídica y Política, *por Gregorio Peces-Barba Martínez.*

12 DERECHOS LINGÜÍSTICOS Y DERECHO INTERNACIONAL, *por Carlos R. Fernández Liesa.*

13 RELIGIÓN Y POLÍTICA EN EL REINO UNIDO EN EL SIGLO XVIII, *por Óscar Celador Angón.*

14 SOBRE LA DEMOCRACIA DE JEAN-JACQUES ROUSSEAU, *por José Manuel Rodríguez Uribes.*

15 ARGUMENTACIÓN JURÍDICA Y RACIONALIDAD EN A. AARNIO, *por José Manuel Cabra Apalategui.*

16 GLOBALIZACIÓN, CIUDADANÍA Y DERECHOS HUMANOS, *por María José Fariñas Dulce.*

17 SOBRE EL CONCEPTO Y EL FUNDAMENTO DE LOS DERECHOS: Una aproximación dualista, *por Rafael de Asís.*

18 HEREJÍA Y TRAICIÓN: Las doctrinas de la persecución religiosa en el siglo XVI, *por Diego Blázquez Martín.*

19 CUOTA DE MUJERES Y RÉGIMEN ELECTORAL, *por Elviro Aranda Álvarez.*

20 MATERIALES PARA UNA REFLEXIÓN SOBRE LOS DERECHOS COLECTIVOS, *por Andrés García Inda.*

21 DIGNIDAD HUMANA Y CIUDADANA COSMOPOLITA, *por Eusebio Fernández García.*

22 ¿GUERRAS EN DEFENSA DE LOS DERECHOS HUMANOS?, *por Federico Arcos Ramírez.*

23 SISTEMAS JURÍDICOS Y CONFLICTOS NORMATIVOS, *por Mario Ruiz Sanz.*

24 LA RESPONSABILIDAD INTERNACIONAL DE NACIONES UNIDAS, *por Félix Vacas Fernández.*

25 EL HUMANISMO COSMOPOLITA EN IMMANUEL KANT, *por Fernando H. Llano.*

26 LA DIGNIDAD DE LA PERSONA DESDE LA FILOSOFÍA DEL DERECHO, *por Gregorio Peces-Barba Martínez.*

27 EL DERECHO A LA EDUCACIÓN Y LA LIBERTAD DE ENSEÑANZA, *por José Martínez de Pisón.*

28 INEFICACIA, ANOMIA Y FUENTES DEL DERECHO, *por Mª José González Ordovás.*

29 EL IMPERIO DE LA INTERPRETACIÓN. Los fundamentos hermenéuticos de la teoría de Dworkin, *por Pablo Raúl Bonorino.*

30 LA GLOBALIZACIÓN ILUSTRADA. Ciudadanía, derechos humanos y constitucionalismo, *por Alfonso de Julios-Campuzano.*

31 TEORÍA DE LA CONSTITUCIÓN, *por José Joaquim Gomes Canotilho.*

32 LOS PRINCIPIOS EN EL DERECHO Y LA DOGMÁTICA PENAL, *por Olga Sánchez Martínez.*

33 IUSNATURALISMO Y POSITIVISMO JURÍDICO: Una revisión de los argumentos en defensa del iuspositivismo, *por Javier Dorado Porras.*

34 DIMENSIONES DE LA IGUALDAD, *por Antonio Enrique Pérez Luño.*

35 LA POLÉMICA LIBERAL COMUNITARISTA: Paisajes después de la batalla, *por Oscar Pérez de la Fuente.*

36 ESTUDIOS SOBRE LA LEY INTEGRAL CONTRA LA VIOLENCIA DE GÉNERO, *por Elviro Aranda (dir.).*

37 EL CONTROL CONSTITUCIONAL DE LA REFORMA A LA CONSTITUCIÓN *por Roberto Rodríguez Gaona.*

38 LOS ORÍGENES DEL REPUBLICANISMO CLÁSICO: Patrios Politeia y Res Publica, *por Ramón Ruiz Ruiz.*

39 FUNCIÓN SOCIAL DE LA PROPIEDAD Y LATIFUNDIOS OCUPADOS. LOS SIN TIERRA DE BRASIL, *por Mario G. Losano.*

40 LOS DERECHOS DE LAS PERSONAS MAYORES. Perspectivas sociales, jurídicas, políticas y filosóficas, *por Diego Blázquez Martín.*

41 LA NEGACIÓN DE LOS DERECHOS DE LOS NIÑOS EN PLATÓN Y ARISTÓTELES, *por Ignacio Campoy Cervera.*

42 SOBRE LA ACCESIBILIDAD UNIVERSAL EN EL DERECHO, *por VV.AA.*

43 DERECHOS HUMANOS Y SITUACIONES DE DEPENDENCIA, *por Rafael de Asis y Agustina Palacios.*

44 EL POR QUÉ Y EL PARA QUÉ DE LAS PENAS, *por Abraham Castro Moreno.*

45 VALORES CONSTITUCIONALES Y DERECHO, *por Eusebio Fernández García.*

46 EL DERECHO DE SUFRAGIO DE LOS EXTRANJEROS, *por Antonio Ibáñez Macías.*

47 DIVERSIDAD DE SITUACIONES Y UNIVERSALIDAD DE LOS DERECHOS, *por Mª del Carmen Barranco Avilés.*

48 LA LEY ORGÁNICA 2/2010, DE 3 DE MARZO DE SALUD SEXUAL Y REPRODUCTIVA E INTERRUPCIÓN VOLUNTARIA DEL EMBARAZO: Trabajos parlamentarios, *por Magdalena Lorenzo Rodríguez-Armas.*

49 EL RECONOCIMIENTO DEL DERECHO AL SUFRAGIO DE LOS EXTRANJEROS EN ESPAÑA: UN ANÁLISIS DESDE EL DERECHO INTERNACIONAL, *por Félix Vacas Fernández.*

50 SOLIDARIDAD Y DERECHOS HUMANOS EN TIEMPOS DE CRISIS, *por Mario G. Losano (Ed.).*

51 EL CRIMEN DE AGRESIÓN DESPUÉS DE KAMPALA, *por Kai Ambos.*

52 MARXISMO, DEMOCRACIA Y DERECHOS HUMANOS, *por Eusebio Fernández García.*

53 APOGEO Y CRISIS DE LA CIUDADANÍA DE LA SALUD. Historia del derecho a la salud en el siglo XX, *por Carlos Lema Añón.*

54 PERSPECTIVAS SOBRE FEMINISMO Y DERECHO, *por VV.AA.*

55 EL DISCURSO DE LA DIGNITAS HOMINIS EN EL HUMANISMO DEL RENACIMIENTO, *por Antonio Pele.*

56 LA CUSTODIA COMPARTIDA A DEBATE, *por Teresa Picontó (Editora).*

57 HACIA UN CONCEPTO COMPLEJO DE IGUALDAD. La igualdad formal en la Carta de Derechos Fundamentales de la Unión Europea, *por Cristina Monereo Atienza.*

58 EL RÉGIMEN PROCESAL DE LOS FISCALES EN LOS TRIBUNALES PENALES INTERNACIONALES, *por Kay Ambos y Stefanie Bock.*

59 LA DOCTRINA DE LA "GUERRA JUSTA" EN EL PENSAMIENTO DE JOHN RAWLS, *por José María Garrán Martínez.*

Made in United States
Troutdale, OR
11/03/2026

56844383R00089